Schriften der Baden-Badener Unternehmergespräche

herausgegeben vom Deutschen Institut
zur Förderung des industriellen Führungsnachwuchses

Der Unternehmer im Wandel der Zeiten

Teilnehmertreffen der Baden-Badener Unternehmergespräche

am 29. September 1984 in Baden-Baden

Referenten und Diskussionsleiter

Otto Esser

Dr. Alfred Herrhausen

Dr.-Ing. Karlheinz Kaske

Dr. Helmut Lohr

Prof. Dr. h.c. Hans L. Merkle

Prof. Dr. Rolf Sammet

Franz Joachim Schoeller

Dr. Dieter Spethmann

Prof. Dr.-Ing. Hans-Jürgen Warnecke

FRITZ KNAPP VERLAG · FRANKFURT AM MAIN

ISBN 3-7819-2608-7

Gesamtherstellung: Druckerei Julius Beltz, Hemsbach
Umschlagentwurf: Friedrich K. Sallwey

Printed in Germany

INHALT

Begrüßung der Teilnehmer

Prof. Dr. ROLF SAMMET

Gesellschaft zur Förderung des Unternehmernachwuchses e. V.

Meine sehr verehrten Damen, meine Herren!
Liebe Teilnehmer und Freunde
der Baden-Badener Unternehmergespräche!

Im Namen des Vorstandes der Gesellschaft zur Förderung des Unternehmernachwuchses begrüße ich Sie sehr herzlich. Ich freue mich, einige Baden-Badener Gäste begrüßen zu dürfen.
Ich darf an der ersten Stelle Herrn Oberbürgermeister Dr. Carlein begrüßen, dann Frau Dr. Sigrun Lang, Vorstand des Baden-Badener Kurvereins und der Kurverwaltung. Auch Herr Dr. Braun von der Industrie- und Handelskammer Berlin ist hier, und ich darf ihn herzlich willkommen heißen.
Auf der Einladung zu unserem Treffen steht „30 Jahre Baden-Badener Unternehmergespräche". 30 Jahre ist keine der üblichen Jubiläumszahlen. Aber es hat sich bei uns doch eine Tradition herausgebildet: daß die Teilnehmer unseres Kreises sich alle 5 Jahre zusammenfinden. Vor 5 Jahren, zum 25jährigen Jubiläum, einem der normalerweise als rund empfundenen Jubiläen, hatten wir die Gelegenheit wahrgenommen, die Öffentlichkeit an unserer Veranstaltung zu beteiligen. Wir hatten uns als Tagungsort Berlin ausgesucht, ganz bewußt, um als deutsche Industrie, als deutsche Wirtschaft, damit Flagge zu zeigen.
Heute treffen wir uns wieder in Baden-Baden, der Stadt, die seit 30 Jahren unseren Veranstaltungen einen so freundlichen, angenehmen und auch anregenden Rahmen bietet.
Ich freue mich ganz besonders, daß wir hier wiederum eine so schöne Beteiligung in Baden-Baden für unser Gespräch haben.
Über 2200 Führungskräfte, überwiegend aus der Industrie und dem Bankwesen, haben in den letzten 30 Jahren an 72 Baden-Badener Gesprächen teilgenommen. Eine stattliche Zahl von ihnen ist heute hier. Besonders darf ich auch erwähnen, daß viele Damen ihr Interesse zeigen. Wir freuen uns, auch einige Referenten begrüßen zu können sowie Vertreter von Mitgliedsfirmen der Gesellschaft zur Förderung des Unternehmernachwuchses.

Die Baden-Badener Unternehmergespräche sind kein Managementseminar. Sie sind auch keine Unternehmer*aus*bildung. Sie dienen der *Bildung* und der Förderung von Unternehmernachwuchs.
Und wenn wir uns heute wieder treffen, so hat das deshalb wenig mit einem „Ehemaligen"-Treffen zu tun. Es ist die Fortsetzung des in Baden-Baden begonnenen Gesprächs. Dies ist ein vertrauensvolles Gespräch, das den Einzelnen fordert, uns alle aber, so hoffe ich, fördert. Die Thematik der diesjährigen Tagung gibt Herr Prof. Merkle mit seinem Vortrag „Der Unternehmer im Wandel der Zeiten".
Wir danken Herrn Prof. Merkle, auf dessen Fahne steht „Führen heißt Vorleben", diesen Festvortrag übernommen zu haben.
Heute nachmittag treffen wir uns dann in drei Arbeitskreisen, die gleichsam die Durchführung des Generalthemas sind, nämlich zu den Themen „Die elektronische Revolution", „Arbeitslosigkeit und Schattenwirtschaft" und „Europa und seine Probleme". Ich möchte Herrn Dr. Lohr, Herrn Professor Warnecke, Herrn Esser und Herrn Schoeller dafür danken, daß sie die Referate dazu übernommen haben.
Die Themen der drei Arbeitskreise sind drei Themen, die uns seit dem letzten Treffen vor 5 Jahren wohl in besonderem Maße beschäftigt haben. Sie haben uns auch in unserer unternehmerischen Verantwortung in besonderem Maße gefordert. Wettbewerbsfähigkeit ist eine zentrale Aufgabe für einen Unternehmer. Vor fünf Jahren, als das Generalthema „Unternehmen und Staat in der sozialen Marktwirtschaft" hieß, haben wir auch über die Rahmenbedingungen gesprochen, die gegeben sein müssen, um im Wettbewerb mithalten zu können. Energie und Umweltschutz gehören zur Rahmenbedingung unserer Arbeit. Diese Fragen haben uns dann auch in den vergangenen 5 Jahren häufig beschäftigt. Leider hat die deutsche Wirtschaft weitere Handicaps von dieser Seite erhalten; die Unternehmen und die Unternehmer haben ein weiteres Stückchen Blei an den Gürtel gehängt bekommen. Sie sollen aber keineswegs tauchen, sondern schneller rennen! An Gewicht gewonnen hat in den letzten Jahren, verursacht durch Erfolge der internationalen Konkurrenz, die Diskussion um die wissenschaftliche und die technologische Wettbewerbsfähigkeit unserer Unternehmen und der deutschen Wirtschaft. Diese Frage nehmen wir ernst, denn das ist ja nun wirklich eine Frage, in der nicht nur der Wissenschaftler, sondern vor allem der Unternehmer gefordert ist. Ich nehme an, daß wir darüber heute noch einiges hören werden.
Ich will deshalb nur eine Anmerkung dazu machen: Die Wettbewerbsfähigkeit eines Produktes ist relativ einfach zu bestimmen. Sie wird einem vom Markt unmißverständlich mitgeteilt. Die Wettbewerbsfähigkeit

einer ganzen Wirtschaft dagegen ist kaum exakt zu messen. Deshalb machen mir die vielen, die mit ihren Meßlatten in der Gegend herumfuchteln, eine schwindende Wettbewerbsfähigkeit der deutschen Wirtschaft ermitteln und sie schnell auf eine technologische Lücke zurückführen, noch keine Angst. Ich halte sie aber deshalb für gefährlich, weil das Schlagwort „technologische Lücke" natürlich wunderbar dazu geeignet ist, davon abzulenken, wie die Folgen einer verfehlten Energiepolitik oder Umweltkosten auf die Wettbewerbsfähigkeiten drücken. Im politischen Spiel hat einfach ein anderer Bundestagsausschuß, eine andere Enquête-Kommission, den schwarzen Peter. Ich bin der Überzeugung, daß den deutschen Unternehmen ein technologischer Rückstand nicht generell nachgesagt werden kann. Um so ernster muß auch uns die Sorge und das Bemühen darum sein, nicht ins Hintertreffen zu geraten. Ich hoffe, wie gesagt, wir werden über die Frage einer technologischen Lücke heute noch diskutieren. Ich möchte aber, besonders im Hinblick auf die weitere Arbeit der Baden-Badener Gespräche, fragen, ob wir uns in nächster Zeit vielleicht mit einer Art „Motivationslücke" zu beschäftigen haben werden.

Wir haben in den letzten Jahren – oder fast Jahrzehnten – einen Wertwandel in unserer Gesellschaft erlebt. Dies ist im Grunde ein selbstverständlicher Vorgang, der sich aus den geänderten Verhältnissen ergibt, und der letztlich notwendig ist. Der Wertewandel, den viele von uns feststellen und der wohl auch durch Meinungsumfragen bestätigt wird, führt allerdings in eine Richtung, die wir etwas Älteren mit Sorge sehen. Wir haben erfahren, daß der Wiederaufbau unserer Wirtschaft und des Staates in den vierziger, fünfziger und sechziger Jahren nur durch Leistung zu erreichen war, und zwar vor allem durch *gemeinsame* Leistung. Aus diesem Grundkonsens haben sich ja auch unsere Gespräche entwickelt.

Die Werte von damals sind heute möglicherweise weniger gefragt. Loyalität dem Ganzen gegenüber, der Wille und die Bereitschaft, ein gemeinsames Ziel zu erreichen, scheinen mir oft zurückzutreten hinter einem Anspruchsdenken, das Forderungen an die Gemeinschaft höher stellt als Leistungen für die Gemeinschaft. Doch, meine Damen und Herren, das schließt die nach oben wachsenden Ebenen nicht aus.

„Arbeitslosigkeit und Schattenwirtschaft", unser zweites Thema heute nachmittag, liegt hier nicht auch ein Problem von Wertsetzung und Motivation?

30 Jahre Förderung des Unternehmensnachwuchses bedeutet auch 30 Jahre Bemühen darum, unsere deutsche Wirtschaft leistungsfähig zu machen und zu halten. Leistungsfähig zunächst für das, was im eigenen

Hause wiederaufgebaut werden mußte, sehr schnell aber, und heute mehr denn je, leistungsfähig und wettbewerbsfähig im internationalen Feld. Das ist für unseren Kreis nicht neu. Aber wir müssen über die Aufgaben der Baden-Badener Gespräche immer wieder nachdenken, um der jüngeren Generation ein Optimum an Förderung zukommen lassen zu können. Und da sollten wir uns vielleicht auch überlegen, wie wir es schaffen, den Motivationsstoß, der Amerika zur Zeit zu durchlaufen scheint, oder dem japanischen Modell zugrundeliegende Motivation, den jüngeren Kollegen noch mehr als bisher nahezubringen, sie ihnen spürbar und vielleicht auch erfahrbar zu machen.
Das dritte Teilgebiet des „Wandels der Zeiten", der sich seit unserem Berliner Treffen vollzogen hat, betrifft Europa.
Die Europäische Gemeinschaft hat in der politischen Diskussion einen hohen Stellenwert. Auf der anderen Seite erweist sich der Wert der Gemeinschaft eigentlich erst in schlechten Zeiten, in der Krise. Aber gerade in der Krise weltweiter Überkapazitäten scheinen mir die Europäischen Gemeinschaften die Probleme eher zu verschärfen als zu erleichtern. Die deutsche Wirtschaft hat in den letzten 30 Jahren ihre großen Erfolge auch dadurch errungen, daß sie auf Wettbewerb im Rahmen einer sozialen Marktwirtschaft gesetzt hat. Das ist kein leichter Prozeß. Viele Unternehmen wurden zum Aufgeben gezwungen. Aber wir haben in Deutschland den notwendigen Strukturwandel in weiten Bereichen vollzogen. Wir haben auch Lösungen für die schwierigen sozialen Probleme erarbeitet. Die meisten von uns sind wohl auch der Überzeugung, daß wir mit dem dringenden Beschäftigungsproblem besser fertigwerden können. Die Bereitschaft, sich dem Wettbewerb zu stellen, hat unsere Unternehmen leistungsfähig gehalten.
Doch können wir diese Leistungsfähigkeit nicht immer voll einsetzen, da wir auf unsere europäischen Partner Rücksicht nehmen müssen. Im europäischen Rahmen kommt leider immer wieder der Hang dazu durch, zu regulieren, zu reglementieren und im Grunde damit den Wettbewerb zu verfälschen. Und ich brauche nur auf das Beispiel der Stahlindustrie in Europa zu verweisen, um uns allen in Erinnerung zu rufen, welche schwierigen Fragen für die Unternehmensführung sich für deutsche Unternehmer daraus ergeben. Diese Fragen haben sich in den letzten fünf Jahren zweifellos verschärft. Deshalb auch hier die Frage: Haben wir mit unseren Baden-Badener Gesprächen entsprechend darauf reagiert? Hat dies Niederschlag in den Diskussionen und Gesprächen gefunden?
Ein Treffen in so großem Kreis, alle fünf Jahre, kann und muß eine Gelegenheit sein, sich über die Konzeption der Baden-Badener Unternehmergespräche Rechenschaft abzulegen. Wir haben das vor fünf

Jahren getan. Wir tun das auf unseren Vorstands- und Kuratoriumssitzungen. Ich glaube, wir können guten Gewissens feststellen, daß unsere Art von Förderung und Bildung des Unternehmernachwuchses sich bewährt hat. Dieses Instrument ist auch wandlungsfähig genug, um in dem Sinne zeitgemäß zu bleiben, daß es Hilfen für die Bewältigung der Zukunft geben kann.

Ich habe zu den drei Themen, die wir heute nachmittag besprechen, Fragen angeschnitten. Damit soll nicht irgendeine Antwort vorprogrammiert sein, schon gar keine negative oder pessimistische. Der internationale Wettbewerb ist ja nicht ein Wettlauf mit Start und Ziel. Es ist ein ewiger Wettlauf. Deshalb ist es auch nicht entscheidend, wer nur im Augenblick die Nase vorn hat – nur aufgeben darf man nicht. Man darf sich auch nicht in eine aussichtslose Position drängen lassen, aus der heraus man zum Ausscheiden gezwungen werden kann. Wenn man nun den Eindruck hat, daß wir in der Bundesrepublik Deutschland im Moment hier und da etwas zurückliegen, dann müssen wir eben etwas schneller rennen als die anderen. Und darum geht es: Wir müssen die Bereitschaft zu mehr Leistung und die Voraussetzungen, diese Leistungen zu erbringen, schaffen. Wir müssen die Lauftechnik verbessern. Wir müssen darauf achten, daß keine Hindernisse im Weg liegen. Dies alles ist eine gemeinsame Aufgabe, eine gemeinsame Aufgabe der Unternehmer, aber auch eine gemeinsame Aufgabe für Politik und Wirtschaft, und bei der Wirtschaft schließe ich beide Tarifpartner ein. Zu dieser gemeinsamen Aufgabe sollen die Baden-Badener Unternehmergespräche auch weiter beitragen.

Der Unternehmer im Wandel der Zeiten

Prof. Dr. h. c. HANS L. MERKLE

Meine sehr verehrten Damen, meine Herren,

wenn die Baden-Badener Unternehmergespräche auf ihr 30jähriges Bestehen zurückblicken, liegt es nahe, über den Unternehmer zu sprechen. Ich habe das mir gestellte Thema „Der Unternehmer im Wandel der Zeiten" nur zögernd angegriffen, weil ich vermeiden möchte, daß der Begriff „Unternehmer" durch übereifrigen Gebrauch noch weiter abgenutzt wird und weil wir Gefahr laufen, auch den Begriff des Wandels zu mißbrauchen. Manchmal glauben wir, der Beruf des Unternehmers sei erst in unserer Zeit entdeckt worden. Ein kurzer Rückblick in die Geschichte wird zeigen, daß dem nicht so ist.

Wandel der Zeiten

Bevor ich daran gehe, dem Ursprung des Unternehmertums nachzuspüren, einige wenige Worte zu dem Thema des Wandels. Ich warne sowohl vor der Überschätzung des Tiefgangs dieses Wandels als auch vor einer Überschätzung des Tempos, mit dem er sich vollzieht. Vor einer *Unter*schätzung zu warnen ist unnötig; wir lesen und hören heute über dieses Phänomen tagtäglich. Man will uns glauben machen, daß morgen oder übermorgen kein Stein unseres wirtschaftlichen, unseres industriellen Gebäudes noch auf dem anderen stehen werde.

„Im Wandel der Zeiten" – das klingt nach 19. Jahrhundert, romantisch, sentimental ... und paßt insofern schlecht in unsere nüchterne Betrachtung. Was damit gesagt werden soll, ist ein Doppeltes, nämlich einmal die mehr als säkulare Beobachtung, daß die Welt nicht still steht, dann aber, daß der Wandel sich offenbar seit geraumer Zeit schneller vollzieht, als das viele Jahrtausende lang der Fall gewesen sein dürfte. Dennoch bleibe ich bei dem Begriff der Evolution.

Der Philosoph Lübke spricht von der „Geschichtlichen Akzeleration", und er zieht aus dieser Beobachtung den Schluß, „die Zukunft gleiche immer weniger der Gegenwart und der Vergangenheit, so daß sie aus der bloßen Lebenserfahrung der einzelnen Individuen immer weniger vorhergesagt werden könne".

Alfred Weber, der Bruder Max Webers, hat diesen rascher werdenden Ablauf schon 1946 in „Abschied von der bisherigen Geschichte" dargestellt. Während schon in vorgeschichtlicher Zeit in der Entwicklung der menschlichen Gesellschaft und ihrer Fähigkeiten eine Beschleunigung eingetreten sein dürfte, stellt Weber seit Mitte des 16. Jahrhunderts eine Dynamisierung, er sagt: Extrovertierung, fest, die das Tempo des historischen Prozesses erhöhte. Das Verhältnis von Mensch und Erde, so Alfred Weber, änderte sich, und „eine gänzlich neue Art des Gesamtablaufs" sei eingetreten; die politischen Vorgänge entwickelten sich rascher.

Daß die Geschwindigkeit, mit der die Geschichte in allen ihren Aspekten weiterschreitet, größer geworden ist, beobachten wir zumindest seit dem Beginn der Industrialisierung am Ende des 18. Jahrhunderts. Beunruhigt ist der Zeitgenosse aber erst, seitdem man ihn mit dem „technologischen Wandel" beschäftigt, der die Nachkriegsjahrzehnte ergriffen hat. Wir können den Beginn mit der Erfindung des Transistors, der ersten miniaturisierten Halbleiter-Bauelemente gleichsetzen – das war 1949. Doch blieb dieser technologische Wandel – den ich schon in meinem Vortrag in diesem Hause 1970 erwähnt hatte, anläßlich des 15jährigen Bestehens der Baden-Badener Unternehmergespräche – zunächst unbeobachtet von der Politik. Diese wurde erst in den letzten Jahren aufmerksam, wenn nicht nervös. Aber die Arbeitslosigkeit in der Bundesrepublik Deutschland, die man der heutigen Bonner Koalition in die Schuhe schiebt, ist ganz eindeutig keine technisch-technologische, sondern eine politische, nämlich eine Folge der verfehlten Sozial-, Finanz- und Wirtschaftspolitik der vergangenen Bonner Koalition der siebziger Jahre. Das heutige Bonn hat diese Arbeitslosigkeit als Hypothek übernehmen müssen, geerbt. Immerhin: Der technologische Wandel könnte eine Zukunftsfolge haben, weil seinetwegen ein wesentlicher Abbau der derzeitigen Arbeitslosigkeit bis zum nächsten Wahlgang sehr schwierig sein wird.

Geschichte des Unternehmers

Das Unternehmerbild, der Unternehmertypus änderte sich im Laufe der Jahrhunderte der gesellschaftlichen und technischen Entwicklung folgend, zeitenweise – und ich halte das für sehr wichtig – auch ihr vorangehend.

Ich sagte bereits, der „Unternehmer" sei keine Errungenschaft der Neuzeit, er existierte bereits in der Antike. Aus der wechselvollen Geschichte dieses Standes, einer Kategorie sui generis, ergibt sich seine wechselvolle soziale Stellung.

Man kann sich den Fernhandel der Antike nicht ohne Unternehmer denken. Hier haben wir wohl den frühesten Realtypus des Unternehmers, über den man bei Rostóvtzeff Wissenswertes erfahren kann – auch

in der Erweiterung seines Bildes auf Industrielle, Bankiers und Steuerpächter. Die Industriellen waren zum Beispiel in der Metallgewinnung und in der Waffenherstellung tätig (letzteres offenbar ein historischer Geschäftszweig). Massenproduktion war ihnen fremd; aber sie waren Eigentümer von Produktionsmitteln; Rostóvtzeff spricht von Bourgeoisie, von Kapitalisten; im Sachverzeichnis seiner Gesellschafts- und Wirtschaftsgeschichte der hellenistischen Welt kommt das Wort Unternehmer mehr als dreißig Mal vor.
Sie waren Individualisten, jene antiken Unternehmer – Handelsgesellschaften kamen erst im Mittelalter auf.
Wir müssen aus Zeitgründen die spannenden Phasen der frühkapitalistischen Unternehmungen Italiens, Oberdeutschlands und im Nord- und Ostseegebiet (Hanse) überspringen und haben auch keine Zeit für die etwas spätere Entwicklung in Rußland, bei der es um die Erschließung Sibiriens ging – Unternehmer wie die Stroganoffs waren dafür nötig.
Unternehmer gab es dann auch schon im Merkantilismus; der Staats-Kapitalismus der Zeit der Manufaktur kam nicht ohne sie aus.

Typologie des Unternehmers

Aber die Kernfrage, die uns heute beschäftigt, ist keine historische mehr: Was ist das eigentlich für ein Mensch – dieser Unternehmer?
Toynbee, bekannt für große Sorgfalt, die er der Differenzierung des Aufstiegs und des Verfalls der Kulturkreise zuwendete – im Widerspruch zu seinem großen Gegenspieler Spengler –, sagt ganz einfach, die Unternehmer seien die „creative minority". Wir empfinden das als ehrenvoll, wenn wir auch nicht ganz sicher sind, ob die „majority", deren „creativity" hiermit in Frage gestellt ist, das ebenso empfindet. Es ist bekanntlich in der Demokratie mit dem Respekt vor der Minderheit nicht weit her, solange man diese nicht zur Mehrheitsbildung dringend benötigt und solange sie sich so gut beträgt, wie die Unternehmer-Minorität das zu tun pflegt.
In der starken Verkürzung, die uns auferlegt ist, sage ich zur Typologie des Unternehmers, daß es vor allem in der wissenschaftlichen Diskussion der letzten fünfzig Jahre immer wieder darum gegangen ist, ob nur der als Unternehmer gilt, der sein eigenes Kapital einsetzt (Eigentümer-Unternehmer) *oder* ob auch der „nur" mit der Führung Beauftragte, der keine Anteile am Unternehmen besitzt, als Unternehmer gilt und sich als solcher fühlen und bezeichnen darf.
Ich halte den Streit, ob Unternehmer ist, wer sein Kapital oder wer nur seine Position und seinen guten Ruf riskiert, für um so müßiger, je

anonymer das Kapital wird, für um so müßiger, je mehr man Kapitalrisiken auf diese oder jene Weise absichert.
Beide Typen von Unternehmern riskieren „Kopf und Kragen“, wenn sie Mißerfolge aufhäufen.
Vielleicht ist es für Sie, meine Damen und Herren, wissenswert, daß das Unternehmen, für das ich noch immer arbeite, von einer Kommanditgesellschaft gelenkt wird, (sie besitzt 90% der Stimmrechte, wenn auch nur geringe Vermögensrechte), deren Komplementär nicht etwa eine Gesellschaft mit beschränkter Haftung ist, sondern leibhaftig vor Ihnen steht – fast ein Relikt in seiner vollen persönlichen Haftung.
So antiquiert folglich heute ein Streit um den Unternehmertypus ist, so halte ich es doch für historisch relevant, daß ein Adam Smith in dem Unternehmer, der nicht sein eigenes Kapital einsetzte, nur einen „Stellvertreter“ sah und daß ihm Ricardo darin im Grundsatz zustimmte – was es Marx erleichterte, aus ihm den „Ausbeuter“ zu machen, den Unterdrücker, den er als Propagandafigur brauchte. Dabei kannte Marx nachweislich den funktionellen Unternehmer durchaus – der paßte ihm aber nicht in den Kram. Veblen, in seinem Buch über die „Leisure Class“ sprach dann später vom „Schmarotzer“, und es blieb schließlich Paul Tillich vorbehalten, den Unternehmer als „dämonische“ Figur zu bezeichnen, was theologischem Sprachschatz nahe zu liegen scheint.
Wenden wir zurück zu einer wissenschaftlichen Betrachtungsweise, so kommt der nicht nur bis zu seinem Tod (1950) häufig zitierte Schumpeter unserer Vorstellung am nächsten. Er läßt die Frage des Kapitalrisikos beiseite und verlangt vom Unternehmer wie Toynbee schöpferische Kraft, er verlangt von ihm die Fähigkeit des Gestaltens, er will, daß der Unternehmer Führer auf neuen Wegen sei. Man legt ihm heute den Zielbegriff „Innovation“ in den Mund, obwohl er das Wort wohl nie benützt hat; es existierte mit diesem Inhalt noch nicht.
Schumpeter hatte schon 1928 geschrieben, bei der Unternehmerfunktion handele es sich um „die Durchsetzung einer anderen als der bisherigen Verwendung von Produktionskräften“, wobei er „Innovation“ im Sinn hatte, letztere aber weniger als Ergebnis intellektueller Bemühung ansah als vielmehr als das Resultat von Willenseigenschaften, und ich glaube, daß gerade das wichtig ist für die Definition dessen, was wir von einem Unternehmer erwarten.
Wir sind damit gar nicht weit entfernt von Sombart, der wesentliche Beiträge zu unserem Thema geleistet hat. Er sagt, „trotz aller Objektivierung, Mechanisierung, Standardisierung der Betriebsvorgänge sei es (noch immer) der Mensch, der in einer nicht vorhersehbaren Welt Entscheidungen zu treffen habe, die er nicht delegieren könne“.

Er, der Mensch, bestimme den Geist, die Politik und das Schicksal des Unternehmens.
Ich halte das für eine der besten Beschreibungen dessen, was vom Unternehmer verlangt wird. Auf die Grenzen des Delegierens kommen wir noch zu sprechen.
Wir sind also beim menschlichen Zusammenspiel, auf das es im Unternehmen maßgebend ankommt – und an dieser Stelle eine fast nebensächlich erscheinende und recht subjektive Bemerkung: In dem Entscheidungszentrum Unternehmen fallen die Entscheidungen nicht immer dort, wo das Organigramm das vorsieht oder vermuten läßt.
Wir sind jetzt, wenn wir den Unternehmer charakterisieren, nicht weit entfernt von dem lange verpönten, plötzlich aber wieder ins Gespräch gekommenen Begriff der Elite. Ich greife hier zustimmend den Vorschlag des Präsidenten der IHK Stuttgart, Roland Klett, auf, der kürzlich riet, statt „Elite" einfach „Qualität" zu sagen. Wer von Qualität spricht, meint nicht Mittelmaß, und er verneint damit auch jene „verdammte Nivellierung nach unten", die aus der Förderung einer falsch verstandenen Chancengleichheit folgte.
Zur Qualität gehört neben der erwähnten Willenskraft ein angemessener Betrag an Verstand, was ich nur deshalb erwähne, um ein französisches Sprichwort zitieren zu können: nichts sei gerechter verteilt als der Verstand; denn jeder glaube, davon genügend zu besitzen.
Ich sage das nicht ohne den Hintersinn, daß es der Unternehmer in der Öffentlichkeit schwer hat, weil man seine materielle Lage nicht ohne Neid betrachtet – stimmt das Sprichwort, so wird man ihn wenigstens nicht wegen seines Verstandes beneiden.
Wir wissen aber – und die Öffentlichkeit weiß es auch, unterdrückt aber ihr Wissen allzu oft –, daß der Unternehmergewinn nicht verbürgt ist und nicht dauerhaft, er ist „keine laufende Einkommensgröße".
Der Grund dafür liegt auf der Hand. Schumpeter sagt dazu in einem 1928 hinreißend geschriebenen Artikel: das „Lebensinteresse des Unternehmers stehe unter dem Druck gegebener Verhältnisse einerseits und jeweils engbegrenzter Handlungsmöglichkeiten andererseits", die wir vor allem in den harten Tatsachen des Marktes zu sehen haben.

Unternehmer und Manager

Vom Idealtyp des Unternehmers zum Manager, zu den Methoden des Management ist ein kurzer Weg.
Ich fürchte, es brächte uns in unseren Überlegungen über den Unternehmer nicht viel weiter, wenn wir heute die vielen Arbeitsweisen diskutierten, die den Unternehmer und seinen engsten Mitarbeiter bei der

Führung der Unternehmung zur Auswahl zur Verfügung stehen. Es sollte genügen zu sagen, daß Witz und Ironie mehr Möglichkeiten zutage gefördert haben, als sie im Tageslauf der Unternehmer ausgeschöpft werden könnten. Aber vielleicht lohnt es sich zu unterstreichen, daß Geschäft und Geschäftigkeit unüberbrückbare Gegensätze sind. Der italienische Humanist des Cinquecento, Leon Battista Alberti, hat gesagt, noch nie habe er einen fleißigen Menschen anders als langsam gehen sehen.

Wer das Zeug zum Unternehmer hat, weiß auch, wie man die Aufgabe löst, ein Unternehmen zu managen – wobei mir noch immer am besten die Formel gefallen hat: Management by managers. Keine Formel aber sollte größere Skepsis hervorrufen als: Management by Exception. Daß Delegation ein nicht ersetzbares Führungswerkzeug ist, hat jeder von uns erfahren. Jeder von uns weiß aber auch, daß sich das dem Unternehmer gemäße Führungsverfahren iterativ entwickelt, durch „trial and error". Man könnte sich vorstellen, daß auf diese Weise jene Geschmeidigkeit, jene Flexibilität der Führung erreicht wird, die den deutschen Unternehmern abgeht, wenn man dem Wall Street Journal vom 25. 9. 1984 glauben darf. Lehrbücher helfen hier nicht viel weiter – im Gegensatz zum lebendigen Erfahrungsaustausch –, womit wir einen Anknüpfungspunkt zu unseren Baden-Badener Gesprächen haben.

Um nicht zu lange zu ernst zu Ihnen zu sprechen, will ich aus der amüsanten Zusammenstellung von „Gesetzen" des Amerikaners Augústine nur *einen* Satz vorlesen, der zu denken geben sollte: „Wenn man eine genügende Zahl von Management-Ebenen übereinander legt, kann man sicher sein, daß das Unglück nicht zufällig eintritt."

Augústine ist übrigens der Mann, der gesagt hat, das optimale Komitee habe keine Mitglieder – womit auch die Vorstellung eines „management by commitees" abgeführt ist.

Es kommt mir nun doch noch eine boshafte Lesefrucht unter: Die Arbeit einer Administration pflege so verteilt zu sein, daß sich ein großer Teil der Mitarbeiter damit beschäftige, Fehler zu machen, eine noch größere Zahl von Mitarbeitern bemühe sich, diese Fehler zu beseitigen. Nur einige wenige dächten darüber nach, wie man jene Fehler von vornherein vermeiden könne.

Unternehmer und Kapital

Ob Früh-, Hoch- oder Spätkapitalismus – die Grenzen sind schwankend, und wesentlich ist nur, daß Kapitalbildung eine conditio humana sine qua non ist.

Kapitalbildung drückt sich aus in jenen „produktiven Umwegen", die durch die Herstellung von Werkzeugen gekennzeichnet sind: Wer ein Werkzeug herstellt, verbraucht nicht, sondern spart, konsumiert nicht, sondern investiert.

Unternehmer aller Zeiten haben sich durch Mut zur Investition ausgezeichnet, erfolgreich aber nur dann, wenn es sich nicht um „Investition an sich" handelte – wenn vielmehr vorher die Frage „Investition wozu" ausgelotet war.

Investieren aus Begeisterung, aus Überfluß, aus steuerlichen Gründen, wegen verlockender staatlicher Förderung oder weil ein Vergleich mit „der Branche" zeigt, daß man relativ weniger investiert als der Wettbewerber, war immer gefährlich für das Unternehmen, aber auch für die Gesamtwirtschaft.

Sinnvolle Investitionsvorhaben scheitern auf mittlere oder längere Sicht nie an der Finanzierung. Dabei kann man eine Antwort auf die Frage beiseite lassen, ob der unternehmerische Elan dadurch induziert wird, daß Kapital Anlage sucht oder ob der unternehmerische Elan das für eine Investition benötigte Kapital aufspürt oder sogar schafft.

Wichtig ist nur, daß es im Grunde keiner „Venture Capital Funds" bedarf, um Innovation erst möglich zu machen, sondern daß man Unternehmer braucht, die realistische, realisierbare, früher oder später gewinnträchtige Investitionsideen haben.

Unternehmer und Staat

Die Beziehungen des Unternehmers zum Staat sind eines Exkurses wert. Man sagt vom frühkapitalistischen Unternehmer, er habe staatliche Eingriffe *jeder* Art in seine wirtschaftliche Tätigkeit verurteilt, und ich bemerke dazu nur, daß es seinerzeit weder eine Einkommen- noch eine Körperschaftsteuer gab. Vom Staat von heute genügt es zu sagen, daß 39,6% aller Mitglieder unseres Bundestags Beamte und andere Behördenangehörige sind, während 61,6% aller Bonner Parlamentarier einer Gewerkschaft angehören. Unternehmer und freie Berufe verschwinden im Verhältnis dazu, während die Neigung einer überdimensionierten Administration zur Reglementierung durch eine solche Zusammensetzung des Bundestages tatkräftig unterstützt wird. Bonn hat Abhilfe gelobt; wir werden sehen.

Dennoch ist der Unternehmer eine Stütze nicht nur des Staatsgedankens, sondern auch des konkreten Staates. Der Unternehmer braucht die Institution Staat als Garanten der freiheitlichen Gesellschaft.

Wir glauben nicht an Lenins Wort: „Solange es einen Staat gibt, gibt es keine Freiheit. Wenn es Freiheit geben wird, wird es keinen Staat mehr geben".

Daß es in der Sowjetunion keine Freiheit gibt, wissen wir, aber auch, daß sich eine Gesellschaft ohne Staat im luftleeren Raum befindet. Der Staat ist Grundmauer und Überbau jeder modernen Gesellschaft. Die lange Geschichte der Menschheit ist eine Geschichte der Staaten, aber nicht der Gesellschaft. Ein sinnentleerter Begriff, wenn man Gesellschaft als amorphes Gebilde beschreibt, das der Organisation nicht bedürfe; jeder Kristall, jede Zelle ist organisiert.

Dabei befinden wir uns in einer merkwürdigen Spannungslage zwischen den Polen Individuum-Gesellschaft-Staat.

Was das Individuum fordert – den individuellen Nutzen – wird rücksichtslos beim Staat eingetrieben, dem man die Identität mit der Gesellschaft verweigert und dem die Gesellschaft den Gehorsam verweigert. Und die Gesellschaft treibt rücksichtslos ihre Forderung beim Individuum ein, indem sie dieses zu knechten trachtet.

Ich weiß nicht, ob Sie meine Meinung teilen, daß dies mit dem Thema „Unternehmer und Staat“ sehr wohl etwas zu tun hat – doch sagte ich dazu früher, die Staatsverdrossenheit, von der wir hören, komme nicht davon, daß die Republik zu wenig leiste, sondern daß sie zu wenig fordere.

Der Unternehmer wäre überfordert, wenn man von ihm erwartete, daß er sich kritiklos den Forderungen des Staates beuge. Aber er bejaht ihn als eine unabdingbare Voraussetzung nicht nur vernünftigen Wirtschaftens, sondern auch menschlichen Zusammenlebens. Das sage ich nicht ohne eine Äußerung wiederzugeben, die man einem Abgeordneten der Regierungsparteien zuschreibt: Eine schlechte Regierung könne einem Land noch mehr Schaden zufügen als eine gute.

Wie dem auch sei: Gerrit Wagner, der Vorsitzende des Aufsichtsrats von Royal Dutch Petroleum stellte kürzlich öffentlich fest: „Business has to do it in spite of government“.

Wirtschaftsordnung

Die dem Typus des verantwortlichen Unternehmers adäquate Wirtschaftsform ist die der Marktwirtschaft. Ihrer bedienen sich in der Praxis auch politische Systeme, die Planwirtschaft auf das Banner ihrer Theorie geschrieben haben. Angebot und Nachfrage werden über den Preis ausgeglichen. Der Gewinn ist der Überschuß des Preises über die Kosten; er entsteht im uneingeschränkten Wettbewerb und unter bestimmten Bedingungen. Und nun hören Sie zu diesen Thesen den sowjetrussischen Professor E. G. Libermann in seinen „Methoden der Wirtschaftslenkung im Sozialismus“:

– Der Preis spielt „die Rolle eines Maßstabs der Übereinstimmung von Produktion und Konsumtion". Er dient als „Methode zur Bestimmung und Erhaltung der Optimalität".
– Der „Gewinn (ist der) entscheidende Wertmesser der Tätigkeit der Unternehmen", ein „Stimulans" der Produktion.

Man fühlte sich fast zu Hause, wenn man diese „kapitalistischen" Formeln hört, hätte man nicht auch Worte von Marcuse im Ohr wie zum Beispiel: „Selbstbestimmung bei der Produktion und Verteilung lebenswichtiger Güter und Leistungen wäre verschwenderisch", sie müsse durch „wirksame Kontrolle" ersetzt werden.

Warum, wozu diese Auseinandersetzung mit einem Gegner, der doch nicht zuhört? Es geht mir an dieser Stelle nicht in erster Linie darum, den Gegensatz zwischen wirtschaftsnahem Handeln und wirtschaftsfremder Propaganda im Sozialismus polemisch darzustellen – obwohl das nicht ohne Reiz wäre. Auch nicht darum, unser Bewußtsein gegen die im Gang befindliche Unterwanderung zu schärfen. Vielmehr will ich dem Unternehmer, der einer freiheitlichen Wirtschaftsverfassung angehört, sagen, daß es nicht zuletzt an ihm, an seinem Handeln liegt, ob Marktwirtschaft erhalten bleibt oder in Planwirtschaft umschlägt. Wie halten wir es mit dem Wettbewerb? Geraten wir ins Stottern, wenn man uns fragt, was wir zum Beispiel vom Kartellrecht, der Fusionskontrolle, dem Verbot gebundener Preise halten? Sind wir uns im übrigen immer darüber klar, daß jeder Unternehmer nicht nur Verkäufer, sondern auch Einkäufer ist? Ich räume ein, daß auch mir diese Fragen schon unbequem waren.

Unternehmer und Politik

Wir nähern uns damit der Frage, ob der Unternehmer zur Politik berufen ist.

Einem unserer Unternehmerkollegen wird die Aussage in den Mund gelegt, das Unternehmen sei eine gesellschaftliche Veranstaltung.

Ich zögere, das zu unterschreiben. Denn ich werde zu Unrecht einer Richtung zugerechnet, die unternehmenspolitische Entscheidungen den politischen, wirtschaftspolitischen, sozialpolitischen Gegebenheiten, Notwendigkeiten und Bestrebungen unterordnen will.

Ich stelle klar, daß der Unternehmer zunächst einmal Unternehmenspolitik zu machen hat. Man kann auch sagen: zunächst einmal gute Waren und Leistungen zu international wettbewerbsfähigen Kosten und Preisen zu produzieren hat. Nochmals in anderen Worten: zunächst einmal sein Unternehmen erfolgreich führen muß. Dies alles unter Wahrung des moralischen und des staatlichen Gesetzes.

So wenig vom Lohn- und Gehaltsempfänger de facto erwartet werden kann, daß er seine Forderungen an den volkswirtschaftlichen Daten mißt – die von der früheren Bonner Koalition gestützte Lohnpolitik der siebziger Jahre mit ihrer verheerenden Wirkung auf den Arbeitsmarkt von heute zeigt das –, so wenig kann vom Unternehmer verlangt werden, daß er Marktchancen ausläßt, daß er seine Ware verschenkt.

Doch hat der Unternehmer, ich sagte das soeben, das gewollte und das gesetzte Recht zu respektieren. Er hat sich in die Wirtschaftsordnung einzufügen. Mehr noch: Er hat diese marktwirtschaftliche Ordnung anzustreben und mitzutragen, auch wenn sie sich im Einzelfall gegen ihn wendet.

Sozialromantik ist aber nicht Aufgabe des Unternehmers, von dem die Volkswirtschaft nicht mehr und nicht weniger verlangen kann, als daß er sein Unternehmen gesund, leistungsfähig erhält. Betriebliche Sozialpolitik auf dem Rücken des Verbrauchers ist markt- und ordnungswidrig; sie muß produktiven Sinn haben, wenn sie in das System passen soll, dessen Erhaltung für uns mehr ist als eine wirtschaftliche Kategorie.

Mit dieser harten und scharfen Abgrenzung mögen Illusionen zerstört, politische Hoffnungen in Frage gestellt werden. Aber der Unternehmer ist als solcher weder ein Altruist, noch ein Wohltäter. Vielmehr hat er, in erster Linie, seine Produktion nach dem Grundsatz höchster Wirtschaftlichkeit zu organisieren.

Sind nun nicht Männer wie Ernst Abbé und Robert Bosch Beispiele dafür, daß eine mitarbeiterorientierte Personal- und Sozialpolitik eines Unternehmens in der Marktwirtschaft möglich ist?

Ich will mich nicht damit herausreden, daß die Ausnahme die Regel bestätigt – Ausnahmen sind diese Beispiele, aber man darf sie gerade nicht als Bestätigung einer Regel ansehen. Ich kann Ihnen versichern: Robert Bosch hat zeitlebens jede seiner – gelegentlich durchaus bahnbrechenden – Sozialmaßnahmen als Produktivitätssteigerung konzipiert und auch realisiert; das gilt gerade auch für den von ihm 1906 eingeführten Achtstundentag.

Ganz anders – und jenseits der Unternehmung – liegt es mit dem Instrument der Stiftung, bei der es nicht darum geht, den Mitarbeitern laufende zusätzliche Zuwendungen zu Lasten des Betriebsertrags zu machen, sondern um die Entäußerung eines Unternehmers, der die Früchte einer Lebensarbeit gemeinnützigen Zwecken überweist. Eine sinnvolle Entscheidung, die in manchem Falle nicht nur der Allgemeinheit zugutekommt, sondern auch der Erhaltung des Unternehmens über Generationen hinweg dient.

Mit der Typisierung des Unternehmers hat das Stiftungsunternehmen nichts zu tun, sehen wir davon ab, daß gerade dann Unternehmenserfolg

Bedingung ist, wenn eine Vermögensmasse zustande kommen soll, die eine Stiftung rechtfertigt.
Erhaltung und Ausbau unserer freien und erwiesenermaßen leistungsfähigen Gesellschafts- und Wirtschaftsordnung gehören freilich zu den Aufgaben des Unternehmers – aber eher in seiner Eigenschaft als Staatsbürger. Bei der Wechselwirkung zwischen dem Ganzen und den Unternehmern können wir – bei aller Bevorzugung und Betonung der ursprünglichen Unternehmeraufgabe – den Unternehmer von seiner staatsbürgerlichen Pflicht nicht freisprechen. Aber es ist eben gerade nicht seine ursprüngliche Aufgabe, Politik zu machen, so sehr wir es als Defizit ansehen müssen, daß in unserem Land – anders als in der Schweiz oder in den Vereinigten Staaten – der Unternehmer die Teilnahme am politischen Leben geringschätzt. Der Sachverstand des Unternehmers wird benötigt; gerade die von mir angestrebte Trennung der Sphären erlaubt es, ihn in den Parteien geltend zu machen, nicht zum Zweck der Beeinflussung, sondern der Information – um den Dialog zwischen mündigen Bürgern an die Stelle des Monologs der Administration zu setzen.

Unternehmer und Medien

Der Unternehmer steht im Rampenlicht der öffentlichen Meinung.
Zur Beeinflussung der öffentlichen Meinung durch die Medien sagte Professor Schmidtchen vor nicht allzu langer Zeit öffentlich, die Gesellschaft werde von der *negativen* Meldung her weiterentwickelt, und in ihrer Nachrichtenselektion wirkten die Medien auf einen großen Teil der Bevölkerung desorientierend.
Es ist kein Selbstmitleid – so sehr wir Deutschen seit geraumer Zeit dazu neigen, diesen Charaktermangel zu pflegen –, wenn man beobachtet, daß eine solche Desinformation häufig genug die Berichterstattung über Unternehmen und Unternehmer betrifft.
Salopp gesagt: Der Unternehmer hat eine schlechte Presse, und es ist nicht damit getan, daß man sagt, jede Nation, jede Schicht habe die Presse, die sie verdient.
Aber ist die „schlechte Presse" in der Tat nur eine Erscheinung der neuesten Zeit? War nicht schon vor drei Jahrzehnten im Handwörterbuch der Staatswissenschaften zu lesen, an der Spitze der sozialen Pyramide habe der deutsche Unternehmer nie gestanden? Sein Minderwertigkeitskomplex tendiere dazu, in Großspurigkeit umzuschlagen?
Lassen wir die historische Wahrheit offen – blicken wir in die neueste Ausgabe der überwiegend von uns selbst finanzierten Magazine. Wir finden dann rasch, daß es unternehmerische Mißerfolge sind, die den

Stoff liefern für eine kritische, skeptische, boshafte, schadenfrohe Berichterstattung, von der ich aber umgekehrt sage, daß sie ihre Wurzel auch in dem *Erfolg* unseres unternehmerischen Systems haben könnte. Ein Erfolg, der in der Regel nicht nur auf dem Fehlen widriger Umstände beruht – hin und wieder ist das die Ursache –, sondern erarbeitet, erkämpft, durch Wagnisbereitschaft erreicht ist.
Ich sehe ein, daß ich mit einer Spekulation dieser Art aufs Glatteis gerate. Aber hier geht es um ein Phänomen, das an die Wurzel unternehmerischen Selbstverständnisses rührt: ob der deutsche Unternehmer seiner gesellschaftlichen Rolle gegenüber der Öffentlichkeit gerecht wird – und was zu tun ist, wenn die Antwort nein lautet.
Ich überlasse Antwort und Lösung einer jüngeren Generation. Obwohl ich persönlich nie darunter gelitten habe, daß das Unternehmerbild fast leidenschaftlich verzerrt ist, wünschte ich den jüngeren Freunden, zu denen ich spreche, doch, daß ihre Bestrebungen und Bemühungen in Zukunft mit einem objektiveren Maßstab gemessen würden, als ihn die vielen Medien heute anlegen. Wenn ich den Erfolg als denkbaren Ursprung mancher hämischen Bemerkung genannt habe, so bin ich doch sein erklärter und entschlossener Anhänger. Man soll von uns, die wir etwaigen Verlust auf der linken Seite unserer Bilanzen zu verbuchen haben, nicht sagen können, er sei unser größtes Aktivum!

Unternehmer und Kultur

Man bringt den Unternehmer immer wieder mit dem recht komplexen Fragenkreis der Kultur in Verbindung, man erwartet sein Eingreifen. Doch glaube ich nicht, daß ein Vollblut-Unternehmer mit seinen Unternehmungen von vornherein kulturelle Ziele verfolgt, verfolgen darf, und dabei lassen wir einmal offen, was wir unter Kultur verstehen wollen. Der junge Hofmannsthal verengte den Kulturbegriff, wenn er schrieb: „Was ist Kultur? Zu wissen, was einen angeht, und zu wissen, was einen zu wissen angeht."
Wir meinen mit Kultur, über Hofmannsthal hinausgehend, das unbewußt-bewußt durch den planenden und bildenden Menschen und unter seiner pflegenden Hand jenseits der unmittelbar materiellen Bedürfnisse Entstandene und Entstehende. Wir sprechen von politischer Kultur, von der Kultur eines Unternehmens, und damit sind wir zurück beim Unternehmer und bei der Frage, ob und inwieweit von ihm erwartet werden darf und kann, daß er seine Unternehmungen kulturellen Zwecken dienstbar macht.
Es mag mein persönliches Ansehen schmälern, wenn ich den Standpunkt einnehme, das Verfolgen kultureller Ziele könne und dürfe nicht Kern-

punkt unternehmerischer Überlegung und Handlung sein. Unternehmerische Entscheidungen sind primär und prinzipiell wirtschaftlicher Natur, oder aber sie entfernen sich von der Grundpflicht der Unternehmer, über die wir an anderer Stelle gesprochen haben. Aber wir begegnen dem Unternehmer, dem Geschmack, Stil, Kultur zur zweiten Natur geworden sind, der aufgeschlossen ist für alle menschlichen Möglichkeiten und Entfaltungen jenseits meßbarer Leistung mit allem Respekt. Wir wissen ihm Dank, wenn er, die Grenzen seines Betriebes überschreitend, die Künste liebt und fördert.
Wir gehen einen Schritt weiter und sagen, daß wir von ihm erwarten, daß er sich höchst persönlich dem kulturellen Leben tätig öffne – doch Grundelement seines Trachtens und Handelns ist und bleibt, von meinem Standpunkt aus gesehen, die Unternehmung.

Wandel als das Beständige

Ich habe nun so wichtige Problemfelder wie Umwelt, Bildung, ja selbst Forschung, Entwicklung, Technik, Technologie ... ausgelassen. Das scheint mir gerechtfertigt zu sein; denn nichts ist langweiliger als Vollständigkeit.
Jeder dieser Komplexe fordert den Unternehmer in anderer Weise; sein Interesse ist teils unmittelbar, teils mittelbar gegeben. Doch gilt fast durchweg, daß auch diese Felder primär vom Unternehmenszweck her gesehen werden müssen; die Lösung politischer Probleme – ich denke zum Beispiel hier an Umweltfragen – ist nicht die Sache des Unternehmers, sondern der Politik. Zu unserer Philosophie als Unternehmer aber gehört es, zu akzeptieren, daß der Wandel das einzig Beständige ist.
Doch bleiben Umfang und Tempo des Wandels unvorhersehbar. Das unternehmerische Risiko *jeder* Entscheidung bleibt. Es gibt keine rückwirkenden Entscheidungen. So trivial das klingt: Jede unternehmerische Entscheidung betrifft die Zukunft. Ihre Verwirklichung entfernt sich exponentiell von den Daten, die ihr zugrunde gelegen haben. Dies enthebt uns nicht äußerster Sorgfalt der Entscheidungsvorbereitung – im Gegenteil.
Wandel ist ein Element der unternehmerischen Welt. Aber es *muß* eine Synthese geben zwischen der Bewahrung des Bewährten und der nie endenden Aufgabe, das Bewährte der Feuerprobe zu unterwerfen, die Änderung der Bedingungen zu erkennen und zur Weiterentwicklung des Überlieferten beizutragen.
Zu dem Wandel, von dem wir sprechen, gehört der Wachwechsel in unserer Zeit. Die Vorkriegsgeneration hat ihre Posten verlassen; die Kriegsgeneration ist nicht mehr weit davon entfernt; die Nachkriegsgene-

ration ist dabei, die Führung zu übernehmen. Den Baden-Badener Unternehmergesprächen kommt angesichts dieses Generationswechsels eine Verantwortung zu, die wir nicht unterschätzen dürfen. Es geht hier um eine Bemühung, von der wir wissen, daß sie historisch nicht oder nur selten erfolgreich war: um den Versuch, Erfahrung zu übertragen. Die Notwendigkeit, die Erfahrung vieler Jahrzehnte zu erhalten, ist ebenso evident wie die Erkenntnis, daß jeder Versuch, Erfahrung zur Regel zu machen, notwendigerweise bewußten oder unbewußten Widerstand hervorrufen muß. Dabei müssen wir den Informationsverlust bei jeder Weitergabe von Erfahrung in unsere Überlegungen einbeziehen.

Was nun den Wert dieser Erfahrung angeht, so ist das folgende nicht ironisch gemeint: Erfahrung sei häufig nur die Summe der Fehler, die einer in den letzten Jahrzehnten gemacht habe. Aber genau so ist es: Man lernt – wenn man lernbereit ist – am besten an seinen Fehlern, und Erfolg ist letztlich doch nur der positive Saldo aus richtigen und falschen Entscheidungen.

Unternehmer gelten häufig gemeinhin als ungeduldige Menschen, und eine Art schöpferischer Ungeduld gehört in der Tat zu ihren notwendigen Eigenschaften.

Doch müssen sie beurteilen können, wann und wo es sich um Unvermögen und Trödelei oder um die natürliche Wachstumsperiode handelt, um verschenkte Zeit oder um gewonnene Zeit. Geduld hat sich oft ausgezahlt, vor allem, wenn es um Fort-Schritte ging, die sich im Innern des Menschen abspielen.

Der Unternehmer ist in meinen Augen letzten Endes nicht zur Rechenhaftigkeit berufen. Gewiß, Erfolg setzt voraus, daß er Werte, Größen beurteilen und verarbeiten kann – lassen Sie mich lieber von Größenordnungen sprechen als von Zahlen. In seinem intuitiven Denken spielt ganz unbewußt die Mengenlehre eine größere Rolle als die Arithmetik. Was ihn nicht daran hindern darf, von seinen Mitarbeitern die Kenntnis des Einmaleins zu erwarten, so sehr das heutzutage manche Schule überfordert.

Der auf der Breite und in der Tiefe seines Arbeitsfeldes erfolgreiche Unternehmer leidet nie Mangel an guten Mitarbeitern, er sucht sie, er findet sie, er bildet sie aus; er weiß, die Zukunft seiner Mitarbeiter ist die Zukunft seines Unternehmens.

Wenn ich hier die menschlichen Eigenschaften beschreibe, durch die der Unternehmer sich auszuzeichnen hat, spreche ich über einen Ideal-, nicht über einen Realtypus. Es liegt mir fern, den Unternehmer idealisieren zu wollen, wenn ich sage, er sei nicht nur in persona die Kraftquelle seines Unternehmens; vielmehr kenne er die Kräfte, die über seine eigene

Initiative, seine Vitalität, seine Dynamik hinaus jene Anstrengung zuwege bringen, von welcher der Erfolg mehr abhängt als vom Kapitaleinsatz.
Spricht Ludwig von Mises von der „Beseelung“ wirtschaftlicher Vorgänge durch das Handeln der Unternehmer, so klingt das in einer technisierten Welt romantisch und mag mit dem Augenschein, mit dem greifbaren Vorgehen der Unternehmer in Widerspruch stehen. Und doch liegt darin eine jener Kraftquellen, von denen ich eben sprach.

Das „Prinzip Hoffnung“

Ich möchte mich von Ihnen verabschieden, meine sehr verehrten Damen und Herren; mehr als ein Vierteljahrhundert der Mitarbeit an den Baden-Badener Unternehmergesprächen liegt hinter mir. Ich erinnere mich noch an jenen Besuch des älteren Freundes Karl Guth Anfang der fünfziger Jahre, bei dem er mir klarmachte, man dürfe sich nicht versagen – Wiederaufbau sei zuvor Arbeit am und für den Menschen. Seither sind Tausende durch Baden-Baden gegangen, dankbar für jene Tat der Männer wie von Witzleben, Vaubel und, nochmals, Karl Guth.
Wir hatten damals, zu Beginn der fünfziger Jahre, vor allem Glauben und Hoffnung. Sie wissen: Durch Wunder werden keine Realitäten erzeugt. Aber man kann Realitäten häufig nur erreichen, wenn man an Wunder glaubt. Andererseits wird das „Prinzip Hoffnung“, insoweit es die Auflösung aller Spannungen vorhersagt, nicht aufgehen ohne unser eigenes Zutun. Das ist die Quintessenz eines langen, nicht immer behüteten, immer ausgesetzten Lebens, das dennoch bestanden werden konnte.
Ganz zum Schluß nehme ich noch Zuflucht zu einem Wort von Tolstoi. Er sah das Scheitern der kommunistischen Heilslehre voraus, die mit dem Ideal von Gleichheit und Gerechtigkeit das Gefühl überwinden wollte, anderen gehe es besser, andere seien glücklicher, weil ihre Wünsche in Erfüllung gehen. Tolstoi schrieb: „Einen ewigen Fehler machen alle jene Menschen, die sich unter Glückseligkeit die Erfüllung ihrer Wünsche vorstellen.“

Arbeitskreis I

Die elektronische Revolution

Referenten: Dr. Helmut LOHR, Standard Elektrik Lorenz AG
Prof. Dr.-Ing. Hans-Jürgen WARNECKE, Fraunhofer Institut für Produktionstechnik und Automatisierung

Diskussionsleiter: Dr.-Ing. Karlheinz KASKE, Siemens AG

Diskussionsteilnehmer:

Dr. Reinhard DAHLBERG, Higratherm electric GmbH
Dieter ENGELHARDT, Hutschenreuther AG
Gert FRENSEMEYER, Lindemann Maschinenfabrik GmbH
Jürgen GEHRELS, Siemens AG
Dr. Bernt W. ROHRER, Frankfurter Hypothekenbank AG
Dr. Hans Georg ROSENGARTEN, Dresdner Bank AG
Horst PAUFLER, L. Schuler GmbH

Dr. Kaske:
Meine sehr verehrten Damen, meine Herren,
nach dem eindrucksvollen Gesamtbild, das Herr Mekle heute morgen vom Unternehmer gezeichnet hat, werden heute nachmittag nun drei Arbeitsgruppen Themenkreise aufgreifen, die spezielle Herausforderungen unserer Zeit an den Unternehmer und den Politiker darstellen. Ich meine, wir haben mit dem Thema „Die elektronische Revolution" nicht das uninteressanteste dieser drei Themen ergattert, und dazu noch zwei besonders sachkundige Referenten, Herrn Dr. Lohr und Herrn Prof. Warnecke gewinnen können, die ich Ihnen hier nicht besonders vorzustellen brauche.
Meine Damen und Herren, wenige Jahre vor dem Gründungsjahr der Baden-Badener Unternehmergespräche, wurde der Transistor erfunden, es war dies das Jahr 1949; wenig später wurden erste Überlegungen zum Bau von Elektronenrechnern mit diesem neuen Bauelement angestellt. Dies hat einen sehr direkten Bezug zu unserem Thema „Elektronische Revolution", denn der gewaltige Aufschwung der Elektronik erfolgte, weil vor allem die Rechnertechnik ihn brauchte, und in dem Maße, in dem dieser Aufschwung dann einsetzte, überflügelte er seinerseits die ebenso rasche Entwicklung der Rechnertechnik zu einem der heute bedeutendsten Gebiete der Elektrotechnik. Diese wechselseitige Innovationsmotorik ist besonders augenfällig beim sogenannten Personal Com-

puter. Eine solche Maschine, die man inzwischen für wenige tausend Mark erhält, gibt mehr Rechenleistung ab als die großen und sehr teuren Anlagen, die in den fünfziger Jahren gebaut werden konnten. Die Grundstruktur der Rechner, ihre Basisarchitektur und einzelnen Funktionen sind weitgehend unverändert geblieben. Der technische Fortschritt kommt hier in überwiegendem Maße aus dem Fortschritt der Elektronik.

Mit einiger Unschärfe kann man also die Anfänge jener elektronischen Revolution, über die wir heute sprechen wollen, in die mittfünfziger Jahre datieren. Ihre gestalterische Kraft beruht maßgeblich auf drei technischen Sachverhalten: Der Ablösung der Röhrentechnik durch die zuverlässigere und kostengünstigere Halbleitertechnik; der Digitaltechnik als letztlich siegreicher Konkurrentin gegenüber der Analogtechnik und schließlich der Überlegenheit von Elektronik ganz generell gegenüber der Elektromechanik.

Was von dem zunächst langsam anlaufenden Prozeß technologischen Wandels letztlich zu der sich nahezu überschlagenden elektronischen Revolution führte, in der wir uns heute befinden, ist die Mikroelektronik. Sie hat nicht nur bewirkt, daß Rechenmaschinen immer kompakter wurden. Vielleicht noch weitreichender ist, daß sie uns den Computer in Gestalt des Mikroprozessors als ein universell verwendbares Bauelement verfügbar gemacht hat. Wir setzen solche Mikrocomputer, verborgen unter der sichtbaren Oberfläche, inzwischen nahezu im gesamten Spektrum der Elektrotechnik ein: In Einrichtungen zur Telefonvermittlung ebenso wie in Schaltwarten, in Werkzeugmaschinen wie im Auto, bei Büromaschinen und in Haushaltsgeräten. Man sollte sehr vorsichtig sein, in der Technik große Worte zu gebrauchen. Bei der Mikroelektronik jedoch scheint es mir angemessen, sie zu den wenigen Schlüsseltechnologien zu zählen, die die industrielle Entwicklung in diesem Jahrhundert letztlich bestimmend prägen.

Jede Technologie von solcher Dominanz schafft sich ihr spezifisches Umfeld bis weit in den Bereich von Politik und Gesellschaft hinein. Ich möchte dies an drei Aspekten besonders herausstellen, weil sie mir auch für unser anschließendes Gespräch besonders wichtig scheinen.

Wir erleben gegenwärtig das Zusammenwachsen von zwei großen technischen Bereichen: Der Datenverarbeitung und der Nachrichtentechnik. Aus dieser Synthese entsteht eine ganz neue und auf längere Sicht flächendeckende technische Infrastruktur der Informationsverarbeitung und des Informationstransports. Diese Infrastruktur wird für ganz verschiedene Formen von Informationen – wie Sprache, Text, Rechnerdaten, Meßwerte, stehende und bewegte Bilder – gleichermaßen geeignet sein. Nun sind neuartige Infrastrukturen stets die Voraussetzung, mitunter aber auch der Anlaß, daß sich Schwerpunkte des Wirtschaftslebens verschieben.

Namhafte Soziologen haben mehrfach darauf hingewiesen, daß wir uns auf eine Dienstleistungsgesellschaft hinbewegen. Das bedeutet unter anderem, daß immer weniger Menschen mit der Produktion von Waren, und immer mehr mit dem Hantieren von Informationen beschäftigt sein werden. In der Bundesrepublik sind das heute bereits etwas mehr als 50% der Beschäftigten. Man kann das auch anders ausdrücken: Wir werden es zunehmend mit Information als einem neuen Typ von Ware zu tun haben, um die herum sich wirtschaftliche Wertschöpfung abspielt.

Wenn das so ist, folgt daraus ein eminent wichtiger politischer Gesichtspunkt. Die Leistungskraft von Wirtschaft und Industrie wird zunehmend davon abhängen, daß ein Land in ausreichendem Maße über die entsprechenden Schlüsseltechnologien wie Mikroelektronik verfügt.

Die rasche Entwicklung macht es hier einzelnen Unternehmen immer schwieriger, die hohen und kurzlebigen Investitionen allein und aus eigener Kraft aufzubringen, um auch international Schritt halten zu können. Das hat dazu geführt, daß der Wettbewerb im Bereich hochinnovativer Technologien – man spricht auch hier verkürzt von den sogenannten Hochtechnologien, von „High tech" – inzwischen zu einem Wettbewerb zwischen den Staaten geworden ist. Forschungspolitik und die dafür bereitgestellten staatlichen Mittel sind zu einem maßgeblichen Faktor politischen Handelns geworden. Allerdings hängt die Wirkung der staatlichen Förderung wesentlich davon ab, daß ein breiter gesellschaftlicher Konsens über den Stellenwert technologischer Innovation zustande kommt. Ohne ein solches Bewußtsein in unserer Gesellschaft bleiben noch so aufwendige forschungspolitische Maßnahmen ziemlich kraftlos.

Ich selbst habe keinen Zweifel, daß wir über die geistigen und materiellen Voraussetzungen verfügen, um uns international als eine führende Industrienation weiterhin behaupten zu können. Unser hoher Exportanteil bei hochwertigen technischen Gütern ist ein Indiz dafür. Wir haben auch eine gute Tradition in der Beherrschung und Gestaltung des technischen Fortschritts. Es fehlt aber bisweilen noch in der Industrie wie in der Gesellschaft als ganzes, die Entschlossenheit und die Zuversicht, den technologischen Wandel auch energisch genug zu wollen.

Diesen Wandel zu gestalten ist allerdings nicht so einfach, da die elektronische Revolution tief in ganz wesentliche Lebensbereiche unserer Gesellschaft hineinwirkt. Unübersehbar ist der Strukturwandel auf dem Arbeitsmarkt, sowohl mit seinem Beschäftigungsproblem als auch mit seinem Ausbildungsproblem. Aber auch für die meisten Beschäftig-

ten ändert sich ihr Arbeitsplatz erheblich: im Büro, im Entwicklungslabor, in der Fabrik oder im Prüffeld. Die Betroffenen empfinden dies bisweilen als eine Art der Versklavung durch Technik um seiner selbst willen, woran sicher auch manche noch bestehende Unzulänglichkeit der technischen Einrichtungen eine Mitschuld trägt. Schließlich reicht der technische Wandel bis in unsere politischen Strukturen hinein, wo Sorgen laut werden, daß die bestehende Machtbalance und ihre demokratische Kontrolle unterlaufen werden könnten.
Hier kommen vielfältige und schwierige Probleme auf uns zu, auch auf uns als Unternehmer. Wir müssen uns ihnen stellen und mithelfen, konsensfähige Lösungen zu finden. Allerdings bin ich davon überzeugt, daß solche Lösungen nicht gegen den Strom technischer Innovationen gefunden werden können. Die elektronische Revolution entläßt ihre Kinder nicht.
Ich hoffe, Sie, meine Damen und Herren, mit diesen wenigen Anmerkungen etwas eingestimmt zu haben auf das, was nun die Herren Dr. Lohr und im Anschluß Professor Warnecke im einzelnen zum Thema der elektronischen Revolution sagen werden. Wenn Sie einverstanden sind, würde ich jetzt Herrn Dr. Lohr bitten, mit seinem Vortrag zu beginnen.

Dr. Lohr:
Die elektronische „Revolution“ hat uns erfaßt, wenngleich eigentlich festzustellen ist, daß es sich zunächst einmal um einen evolutionären Prozeß handelt, der in seinen Anfängen schon etwas zurückliegt und heute mit einer ungemein schnellen Geschwindigkeit abläuft. Wir befinden uns inmitten dieses akzelerierenden Prozesses, der allerdings nicht mit irgend einem Knall oder mit irgend einem erreichten Ziel zu Ende sein wird, sondern sich kontinuierlich fortsetzt. Aus der Sicht des Herstellers und Entwicklers von elektronischen Produkten und Systemen soll im folgenden ein kurzer Einblick in die Vergangenheit, Gegenwart und Zukunft dieses rasanten Entwicklungsprozesses gegeben werden.
Die Meilensteine der Elektronik sind im wesentlichen charakterisiert durch die Entwicklung der Elektronenröhre und des Transistors, wobei die exponentielle Beschleunigung des Technologieentwicklungsprozesses zusammenfällt mit der Integration mehrerer Bauelemente auf einem Halbleiter, mit der Entwicklung der ersten integrierten Schaltung Mitte der sechziger Jahre. Der Integrationsgrad von Bauelementen auf diesen Chips hat sich dann im Mittel alle zwei Jahre verdoppelt.
Heute ist die Miniaturisierung schon so weit fortgeschritten, daß mehrere 100000 Transistorfunktionen auf einer Fläche von 25 mm^2 untergebracht werden können. In naher Zukunft werden mehrere Millionen Funktio-

nen auf einem Chip integriert sein, die uns dann weitere und zum Teil völlig neuartige Anwendungen der Mikroelektronik erschließen werden. Verstärkt wird die Dynamik der technologischen Entwicklung durch die Einführung der Digitaltechnik, die ebenfalls neue Integrations- und Anwendungsmöglichkeiten beinhaltet.
Ein wesentlicher Teil der Impulse für diese technischen Entwicklungen stammen aus den Militär- und Raumfahrtprogrammen der USA. Gefordert waren zunächst hohe Zuverlässigkeit bei niedrigem Volumen und Gewicht sowie geringem Energieverbrauch. Alles dies ließ sich durch die Integration von Schaltungsfunktionen auf den Siliziumsubstraten erreichen.
Die Mikroelektronik bestimmt einen großen Teil der technischen Entwicklung in der gesamten Elektrotechnik. Eine wesentliche Ursache für den Masseneinsatz dieser Basistechnologie, Mikroelektronik, den wir auch im privaten Bereich verzeichnen, ist die Kostendegression.
Mit der Erhöhung des Integrationsgrades ging eine analoge Verminderung der Kosten pro Schaltungsfunktion einher. Dies wiederum erschloß neue Einsatzmöglichkeiten und führte schließlich dazu, daß die Mikroelektronik außer im Kernbereich der Nachrichten- und Datentechnik heute in nahezu allen Industrien entscheidende innovative Impulse gibt. Dies gilt besonders auch für den Kraftfahrzeugbau, für die Konsumgüterindustrie und für die Meß-, Steuer- und Regeltechnik.
Mikroelektronik hat nicht nur die Produkte verändert, sondern auch zu Veränderungen im Produktentstehungsprozeß geführt. Mit Hilfe von Computer-Aided-Design (CAD) und Computer-Aided-Manufacturing (CAM) können heute Probleme gelöst werden, die bis vor wenigen Jahren noch als unlösbar erschienen; man denke z. B. an die Optimierung von Karosseriekonstruktionen oder Fahrwerken in der Automobilindustrie, oder an die Konstruktion von Flugzeugtragflächenprofilen. Mikroelektronik gestattet komplexe Simulationen, d. h. das rechnergestützte Nachempfinden von tatsächlichem Verhalten, wodurch kostenaufwendige Erprobungen und Fehlentwicklungen vermieden werden können. Auch die ökonomische Nutzung unserer Rohstoffressourcen und die Vermeidung negativer Umwelteinflüsse sind Aufgaben, die nur mit Unterstützung der Mikroelektronik bewältigt werden können.
Die neue Schlüsseltechnologie hat die Fertigung in vielen Bereichen grundlegend verändert. Werkzeugmaschinen wurden z. B. um numerische Steuerungen bzw. rechnergesteuerte numerische Steuerungen ergänzt. Durch den Einsatz von Lasertechnik gelang es, wesentlich präzisere, kosten- und materialsparende Bearbeitungsverfahren einzuführen.

Die Elektronik hat darüber hinaus zu einer deutlichen Verschiebung der personellen Strukturen in der Fertigung geführt. Sie befreite Menschen von lauten, schmutzigen und kraftaufwendigen Fertigungsarbeitsgängen. Die Einsatzfelder für Menschen haben sich mehr in Richtung der Fertigungsvorbereitung, der rechnerbegleitenden Fertigung und insbesondere zur End- und Qualitätsprüfung verschoben; in diesen Aufgabenstellungen stützt und ergänzt Elektronik die menschliche Leistung.
Die Elektronik hat in den meisten Unternehmen eine Verschiebung der Wertschöpfung von der Produktfertigung hin zur Produktentwicklung bewirkt. Damit sind viele Unternehmen vor die Notwendigkeit von Umstrukturierungsmaßnahmen gestellt.
Neue Strukturen bedingen in den meisten Fällen auch qualitative personelle Veränderungen, d.h. Aufwendungen für die Schulung und Weiterbildung von Mitarbeitern, um mit veränderten Anforderungsprofilen zeitgerecht Schritt halten zu können.
Auf der Produktionsseite hat der Einsatz der Mikroelektronik im wesentlichen drei Formen von Veränderungen hervorgebracht.
Zunächst die Substitution von Produkten bzw. Bauteilen. Als Beispiel sei hier der Zeichensender eines Fernschreibers genannt, der noch vor wenigen Jahren aus über 900 mechanischen Einzelteilen zusammengesetzt war, die inzwischen durch ein einziges elektronisches Bauelement ersetzt worden sind. Ein weiteres Beispiel ist die Entwicklung des elektronischen Taschenrechners als Substitut für lautstarke Bürorechenmaschinen früherer Jahre. Diese sind durch nahezu geräuschlos arbeitende elektronische Rechenmaschinen kleinsten Formats ersetzt worden. Anschauliches Beispiel sind auch die modernen Haushaltsmaschinen, deren elektrische, elektromechanische und mechanische Schalt- und Regelvorgänge mit Hilfe der Mikroelektronik vorgenommen werden. Moderne Waschmaschinen und Geschirrspülautomaten beispielsweise konnten so betriebssicherer, geräuschärmer sowie energie- und materialschonender ausgelegt werden als ihre Vorgänger.
Die zweite Form der Veränderung ist die Verbesserung von Bedienungs- und Leistungsmerkmalen. Die Kombination von elektrischen, elektronischen und mechanischen Bauteilen im Automobil hat es beispielsweise ermöglicht, durch elektronische Benzineinspritzung in funktionsgerechter und ökonomischer Weise den Energieinhalt des Kraftstoffs optimal auszunutzen.
Die dritte und wohl wichtigste Form der Veränderung durch die Elektronik ist die Produktinnovation, d.h. das Entstehen völlig neuer Produkte und Systeme. Diese neuen Produkte finden sich in nahezu allen Industriezweigen. Beispiele dafür sind der flexible Einsatz von Rechen- und

Datenverarbeitungsmaschinen in den Büros, Antiblockiersysteme in Kraftfahrzeugen, in der Konsumgüterindustrie beispielsweise das Angebot von Videorekordern und Bildplatten sowie in der Medizintechnik der Einsatz vielfältiger neuer Technologien.
Wird die in nahezu alle Bereiche unseres Lebens eingedrungene Elektronik uns in naher Zukunft beherrschen? Wird sie Besitz von uns ergreifen? Nun, wer die Chancen der Elektronik wirklich erkennt und ihre Vorteile nutzt, wird bestätigen, daß diese Befürchtungen mit der Realität nichts zu tun haben, denn die Elektronik ist und bleibt letztlich nur ein Werkzeug, ein Hilfsmittel des Menschen, um seine Ziele und schließlich sich selbst zu verwirklichen.
Auf der Unternehmensebene stehen drei Problembereiche im Vordergrund, auf die näher eingegangen werden soll. Es sind dies der verstärkte Wettbewerb in allen Bereichen und Märkten, der zunehmende Kostendruck durch höhere Entwicklungsaufwendungen bei kürzeren Innovations- und Produktzyklen und schließlich der deutlich erkennbare, zunehmende Bedarf an komplexeren Systemkonzeptionen.
Zur Bewältigung der notwendigen Anpassungs- und Neuerungsprozesse ist eine ständige Überprüfung des eigenen Wissens, der eigenen Stärke und der eigenen Position im Wettbewerb erforderlich. Die dazu notwendigen Rückkopplungs- und Neuorientierungsprozesse müssen auf allen betrieblichen Ebenen stattfinden.
In der Forschung und Entwicklung sowie in der Produktion ist ein immer höherer Aufwand zur Aktualisierung des eigenen Wissens erforderlich. Technisches Wissen veraltet nicht mehr in Zeiträumen von Generationen, sondern in einzelnen, aber wichtigen Technologiesegmenten, innerhalb von wenigen Jahren. Man rechnet heute im Schnitt mit fünf bis sieben Jahren, was dem Zeitraum sehr nahe kommt, den ein Student zum Durchlaufen seines Studiums benötigt. Darüber hinaus ist heute auch ein nahtloser Übergang von der Erstausbildung in die betriebliche Weiterbildung eine unumgängliche Forderung. Die betriebliche und die überbetriebliche Aus- und Weiterbildung sind durch die neuen mikroelektronischen Technologien in einem bisher nicht gekannten Maße gefordert.

In erster Näherung nicht ganz so augenfällig ist dagegen die Herausforderung an die Marktkreativität der Unternehmen, an die strategische Planung, das Marketing und die technische Umsetzung der Bedürfnisse. Angesichts einiger markanter Problemfälle scheint die sarkastische Aussage angebracht, die Mikroelektronik macht alles möglich, auch gravierende Fehler. Es ist ja keineswegs so, daß das Attribut „mikroprozessorgesteuert“ schon a priori den Absatz eines Produktes garantiert; der

Markt verlangt vielmehr Problemlösungen durch neue, marktkonforme Produkte.
Wie sehen nun die Markterwartungen für den Sektor der Elektronik aus? Alle Prognosen verkünden mittel- und langfristig beachtliche Wachstumsraten. Der Weltmarkt für die Elektronik soll bis 1990 auf eine Größenordnung von 700 Mrd. US-Dollar wachsen.
Dieser Markt beinhaltet neben der Informations- und Kommunikationstechnik die gesamte Bandbreite der schon vorher genannten Anwendungen. Merkmal der verschiedenen Märkte ist in nahezu allen Teil-Märkten erkennbar – daß es keine Erbhilfe für „alteingesessene Wettbewerber" gibt. Neue, dynamisch operierende Wettbewerber dringen erfolgreich in neue Märkte ein und erweitern über Marktnischen ihre Präsenz. Es muß das wesentliche Attribut eines zukunftsorientierten Unternehmens sein, flexibel auf den Markt reagieren zu können, schnelle Markterkenntnisse in Produkte umzusetzen, die Entwicklungszyklen zu beschleunigen und insbesondere den Übergang von der Entwicklung in die Produktion so reibungslos und nahtlos wie möglich zu gestalten. Diese Flexibilität zeigt sich insbesondere in der Anpassungsfähigkeit und in der Anpassungsgeschwindigkeit an verkürzte Innovationszyklen. Denn immer wenn neue leistungsfähigere und vor allem auch preiswertere Technologien verfügbar sind, veraltet selbst das noch vor kurzem erfolgreichste Produkt und wird zum konkurrenzunfähigen Ladenhüter.
Eine sinnvolle Strategie, kürzere Marktzyklen und die damit verbundenen Erlösausfälle zu verkraften, ist zunächst die Verkürzung des Produktentstehungsprozesses. Eines der Hauptziele in Hochtechnologieunternehmen ist demnach die Verkürzung der Durchlaufzeiten bei laufender Verbesserung des Überganges von der Entwicklung in die Fertigung.
Mit zunehmender Komplexität der Produkte ergibt sich heute ein Trend zur Vernetzung von Produkten zu integrierten Systemen, die eine gemeinsame technologische Basis haben. Systemkonzeptionen statt Produktkonzept lautet dann auch die Herausforderung für Unternehmen, die sich in der Spitzengruppe der mikroelektronischen Technik bewegen. Bedenkt man, daß fast jedes der heutigen Produkte für sich alleine eine deutlich gesteigerte Komplexität aufweist, wird klar, welcher technische Abstimmungsaufwand notwendig ist, um ein Zusammenspiel von Einzelprodukten zu verwirklichen. Man denke dabei nur an die bürotechnischen Geräte, die für sich genommen laufend an Leistungsfähigkeit zugenommen haben, die andererseits aber so spezifisch auf bestimmte Anwendungsgebiete zugeschnitten waren, daß letztlich eine Vielfalt von einzelnen Produkten auf den einzelnen Schreibtischen zu befürchten gewesen wäre. Das Resultat dieser Erkenntnis ist z. B. das multifunktio-

nale Terminal. Es integriert verschiedene Funktionen in ein komplexes und vielseitig nutzbares Produkt, dessen Bedienung für den Benutzer einfach und handlich gestaltet werden kann.
Die Kommunikations- und Informationstechnik liefert die Mittel zur Vernetzung dieser multifunktionalen Arbeitsplätze sowohl für den innerbetrieblichen Rahmen, als auch für den landesweiten und letztlich sogar weltweiten Verbund. Die Entwicklung der Telekommunikationsnetze ist wiederum ein wesentliches Element der Elektronik. Mikroelektronik und Digitaltechnik haben den Weg in eine breite, vernetzte Nutzung der Nachrichten- und Kommunikationssysteme eröffnet.
Mit der wachsenden Durchdringung der Kommunikationsnetze durch digital arbeitende Systeme können in einem einheitlichen Netz, neben der Sprache, auch Daten und Texte übertragen werden. Das bedeutet eine ganz erhebliche Erweiterung der Nutzungsmöglichkeiten dieser Netze, aber auch – und dies ist wiederum für die herstellende Industrie von entscheidender Bedeutung – eine Vielfalt von Chancen und Möglichkeiten zur Entwicklung neuartiger, integrierter und gleichzeitig auf spezielle Anwenderbedürfnisse zugeschnittener Geräte für Sprach-, Text- und Datenübertragung.
Aus dieser Perspektive ist auch die Erweiterung der Übertragungsbandbreite der Kommunikationsnetze zu sehen: Zur Sprach-, Text- und Datenübertragung wird sich die Übertragung von bewegten Bildern unterstützend hinzugesellen.
Parallel zur geschilderten Entwicklung im kommerziellen Bereich erwarten wir auch im Privatbereich mehrfunktionale Heimterminals, die ebenfalls, aufbauend auf die Möglichkeiten komplexer und leistungsfähiger Mikroelektronik, zur Mehrfachnutzung von Geräten führen wird.

Soweit die große Skizze einer technischen Entwicklung, die sehr wesentlich für die Nutzung der Elektronik im kommerziellen und im privaten Bereich sein wird. Die herstellende Industrie ist herausgefordert, die Entwicklungen des Marktes rechtzeitig vorherzusehen und in vielen Bereichen mitzubestimmen und mitzugestalten. Sie ist aufgefordert, ihre eigenen inneren Strukturen laufend anzupassen, d. h. die Arbeitsabläufe in den Büros, in den Entwicklungsbereichen und in der Produktion so zu gestalten, daß Produkt- und Systementwicklungen wettbewerbsfähig und zeitgerecht ablaufen können, um moderne und preisgünstige Produkte und Systeme auf den Weltmärkten anbieten zu können. Der internationale Wettbewerb fordert von den Unternehmen Flexibilität und die Bereitschaft, auf die Chancen der Elektronik positiv einzugehen und sie umfassend zu nutzen. Eine notwendige Rahmenbedingung dafür ist ein

breiter nationaler und, wo nötig, auch europäischer Konsens, um die Kräfte und Ressourcen zielgerecht einsetzen zu können.
Ein moderner Industriestaat muß sich offensiv und konstruktiv und, wenn es erforderlich ist, auch aggressiv den Herausforderungen und Möglichkeiten der Elektronik stellen. Gerade die Elektronik bietet uns Hilfen an, wirtschafts-, sozial- und umweltpolitische Probleme zu lösen. Diese Bestrebungen müssen aktiv durch den Gesetzgeber unterstützt werden, um in einer Risikogemeinschaft durch die Schaffung der notwendigen Rahmenbedingungen die unternehmerischen Aufgaben zu unterstützen. Dazu gehört die Gestaltung von Bildungsprozessen ebenso wie kartellrechtliche Maßnahmen und die Begünstigung der Eigenkapitalbildung in den deutschen Unternehmen.
Zur Bewältigung der zahlreichen Aufgaben ist eine Konzentration aller Kräfte erforderlich. Wir stehen erst am Anfang eines Entwicklungsprozesses, der sich in den kommenden Jahren noch weiter beschleunigen wird.
Mit Sicherheit werden wir nicht immer und auf allen Gebieten die technologische Spitze einnehmen können; das ist in einer arbeitsteiligen Weltwirtschaft auch gar nicht denkbar. Allerdings dort, wo unsere „technologischen Begabungen" liegen, müssen wir, allein um dem Ruf eines Hochtechnologie-Landes gerecht zu werden, in Spitzenpositionen bleiben.
Alle gesellschaftlichen Kräfte und jeder einzelne ist aufgerufen, die Elektronik und vor allem die Mikroelektronik zu entmystifizieren und sie von ihrem Horrorbild, Jobkiller-Technologie zu sein, zu befreien. Mikroelektronik ist der Schlüssel zu einer menschengerechteren und wirtschaftlich leistungsfähigeren Zukunft.

Dr. Kaske:
Danke schön, Herr Dr. Lohr. Im Procedere ist vorgesehen, daß nun Herr Prof. Warnecke einen anderen Blickwinkel der Elektronik beleuchtet. Bitte schön, Herr Professor Warnecke.

Prof. Warnecke:
Vielen Dank, Herr Dr. Kaske, ich habe es übernommen, meine Damen und Herren, mir ein paar Gedanken aus der Sicht des Anwenders zum Thema „Elektronische Revolution" zu machen, und inzwischen, wie Herr Dr. Lohr es ausgeführt hat, sind wir alle Anwender und damit alle eigentlich auch mehr oder weniger Betroffene dieser technischen Entwicklung oder – wie Sie es zuletzt nannten – technischen Herausforde-

rung. Technische Herausforderungen hat es in den letzten 200 Jahren schon immer gegeben. Die bekannteste war vor 200 Jahren die Entwicklung der Dampfmaschine. Und wenn Sie bedenken, welche Strukturänderungen das damals hervorgerufen hat, welche Risiken und Gefahren einmündend in das Beispiel des Weberaufstandes damit verbunden waren, dann erkennen wir, daß das, was wir jetzt erleben, eigentlich nichts Neues ist, sondern ein ständiger Prozeß, der vielleicht nur dadurch gekennzeichnet ist, daß er heute etwas schneller abläuft und schneller weite Kreise der Bevölkerung erfaßt als früher.

Denken Sie an die zweite industrielle Revolution mit der Entwicklung der Verbrennungsmotoren und insbesondere des Elektromotors Ende des 19. Jahrhunderts, der dann die volle Industrialisierung möglich machte. Heute stehen neben jedem menschlichen Produktionsarbeiter noch 200 weitere elektrische Arbeiter, die sozusagen seine physische Energie vervielfachen und man kann den Lebensstandard eines Landes am Pro-Kopf-Verbrauch der elektrischen Energie praktisch ablesen. Allerdings mit der interessanten Entwicklung zur Zeit, daß in den höchstindustrialisierten Ländern dieser Pro-Kopf-Verbrauch an elektrischer Energie wieder sinkt durch die Entwicklung besserer elektronischer Steuerungen usw., so daß der Verbrauchsanstieg sich, Gott sei Dank, nun umkehrt.

Jetzt sind wir in der dritten industriellen Revolution. Herr Dr. Kaske sagte, wir haben ein Verschmelzen der Datenverarbeitung und Nachrichtentechnik. Ich möchte es noch ergänzen – und ein Verschmelzen mit der Maschinentechnik, die sich in den letzten 200 Jahren bis zur höchsten Blüte entwickelt hat. Dieses gibt sehr vielfältige, neue Konsequenzen und Möglichkeiten. Wir haben das große Problem, daß sich dieser Strukturwandel heute in gesättigten Märkten größtenteils abspielt oder in Märkten, die nicht genügend Kaufkraft haben, wenn wir an Exportmärkte denken. Wir haben Käufermärkte, wo der Kunde bestimmt, und deswegen ist nicht mehr die Wirtschaftlichkeit eines Unternehmens allein durch seine Mengenproduktion und Umsätze gekennzeichnet, sondern das Überleben wird mehr dadurch bestimmt, daß es flexibler am Markt agiert und sich schnell auf neue Kundenwünsche einstellen kann. Der Anwender und Kunde bestimmt eigentlich das Geschehen und nicht mehr der Produzent. Und das bedeutet auch, daß der ständige Kampf in Produktionsbetrieben gegen Produktvielfalt und Teilvielfalt im Grunde genommen ein Kampf gegen Windmühlenflügel ist, denn der Markt ist stärker. Ich glaube, wir müssen das Pferd umgekehrt aufzäumen und versuchen, unsere Produktionen so aufzubauen, daß wir mit dieser Produktvielfalt möglichst wirtschaftlich fertigwerden, abschaffen können wir sie sicher nicht mehr.

Wir haben also zur Zeit diese Phase, daß wir mehr Risiken und Probleme haben als Chancen. Ich bin aber der Ansicht, wenn wir die nächsten 20 Jahre, 30 Jahre, mit sicherlich keiner Revolution, sondern einer Evolution, passiert haben, daß wir dann wieder in eine Phase kommen, wo wir die Möglichkeiten dieser neuen technischen Herausforderung sowohl beherrschen wie auch besser und richtiger nutzen können. Dasselbe ist uns ja bisher in der technischen und gesellschaftlichen Entwicklung eigentlich immer gelungen. Ich habe den Optimismus des Technokraten, daß es auch diesmal wieder gelingen wird. Aber zur Zeit zweifellos sowohl beim Einzelnen im beruflichen Bereich wie auch bei den Unternehmen laufen wir hohe Gefahren und Risiken, Unternehmen laufen Gefahr, daß sie strategische Lücken in ihren Produkten bekommen und operative Lücken, indem ihre Produktionen nicht mehr wettbewerbsfähig sind. Ich behaupte, daß die Elektronikhersteller weit mehr Technologie heute anbieten als wir nutzen. Es fehlt sowohl an Wollen, wie an Wissen, wie an Können.

Das sind die drei Grundvoraussetzungen industriellen Handelns. Das Wollen wird teilweise in Frage gestellt oder das Wissen und Können unserer Mitarbeiter reicht nicht aus. Sie sind nicht informiert genug, sie sind nicht qualifiziert genug, um wirklich Elektronik zu beherrschen. Deswegen vollzieht sich das Ganze sehr viel langsamer als es eigentlich von der Technik her könnte.

Das hat seine Vor- und Nachteile. Ich stelle immer fest, daß gerade diese elektronische Revolution ein Generationenproblem ist. Die jungen Studenten, die heute in die Universität kommen oder die Universität verlassen, sind praktisch mit dem Rechner aufgewachsen, sie beherrschen den Rechner wie wir früher den Rechenschieber, währenddes ein Vierzigjähriger oder Fünfzigjähriger sich doch gewaltig schwertut, hier mitzuhalten und diese Entwicklung mitzumachen. Deshalb kann ich nur jedem empfehlen, in seinem Unternehmen immer eine Mischung junger und älterer Mitarbeiter im Team aufzustellen. Gerade junge Mitarbeiter, junge Ingenieure sind sehr wertvoll, diese neue Entwicklung mitzumachen, weil sie praktisch schon spielerisch – möchte ich fast sagen – gewonnene Fähigkeiten von der Schule her heutzutage mitbringen. Ich habe auch den Eindruck, daß die gewisse Reserviertheit junger Leute gegenüber dieser technischen Entwicklung größtenteils wieder verschwunden ist. Diejenigen, die heute in die Universitäten kommen, vielleicht auch bedingt durch die Arbeitsmarktsituation, sind sehr aufgeschlossen gegenüber diesen technischen Möglichkeiten und versuchen, sie zu erfassen und zu beherrschen. Wir werden unsere industrielle Gütermenge im Jahr 2000 etwa noch mit der Hälfte, maximal 70 Prozent der Belegschaft, erbringen können im Vergleich zu heute. Nun ist dann immer das Argument, daß neue Technologien auch neue Arbeitsplätze schaffen. Ich bin der Ansicht, und ich glaube, das Beispiel der USA bestätigt es, daß neue Technologien nur einen geringen Prozentsatz neuer Arbeitsplätze schaffen können im Vergleich zu denen, die sie in der Produktion und in der industriellen Arbeitswelt abschaffen, wenn ich einfach mal so schlicht sagen darf.

Ich glaube, daß das Arbeitsplatzbeschaffungsthema nicht im industriellen Bereich gelöst werden kann, sondern durch neue Tätigkeiten im Dienstleistungsbereich, z. B. durch ganz andere Konzepte, wie es die USA zur Zeit vorführen, wo sie einfach durch sinkende Arbeitskosten gerade im Dienstleistungsangebot sehr viel neue Arbeitsplätze schaffen. Das bedeutet natürlich sehr viel mehr Flexibilität in der Tarifpolitik und in der Gestalt des Arbeitsangebotes.

Wir versuchen zur Zeit, mit alten Werkzeugen neue Systeme zu reparieren. Niemand käme doch auf die Idee zu sagen, wir müssen unsere Arbeitsmarktprobleme dadurch lösen, daß wir mehr Milch produzieren und die Kühe wieder von Hand melken. Das würde ja viele Arbeitsplätze ebenfalls schaffen. Das möchte aber niemand mehr, sondern wir sagen zur Zeit noch, wir müssen in der Industrie mehr Maschinen und Geräte produzieren, wir müssen dort weiter wachsen. Bloß, was sollen wir mit den Maschinen? Wir müssen, glaube ich, umdenken und sagen, die neuen Probleme, die uns aus der industriellen Entwicklung erwachsen, müssen wir auch mit neuen Ansätzen beheben, wobei eben leider keiner ein Patentrezept hat. Ich darf nur mal einen Gedanken äußern: Landwirtschaftliche Probleme, die in Baden-Württemberg z. B. dadurch entstanden, daß durch die Erbteilung das Land pro Kopf immer kleiner wurde und den einzelnen nicht mehr ernährte, wurden teilweise dadurch behoben, daß man Nebenerwerbswirtschaften schaffte und man zusätzlich im industriellen Bereich tätig war. So wäre es auch denkbar, daß man in Zukunft bei mehr flexibler Arbeitszeit im industriellen Bereich diese weiter reduziert, seine Arbeitskraft zusätzlich im Dienstleistungsbereich billiger anbietet und damit eben attraktiv für Dienstleistungskunden wird. Das ist nur ein Gedanke, das ist aber vielleicht auch nicht ganz das Thema dieses Kreises, um es hier weiter zu vertiefen. Ich will damit nur andeuten, daß wir uns viel Neues einfallen lassen müssen und nicht versuchen, im alten Denken und mit altem Denken Neues zu verbessern versuchen. Nun, dieser Dienstleistungscharakter, der sich allgemein durchsetzen wird, bedeutet, daß auch ein Industriebetrieb einen Dienstleistungscharakter annehmen wird, d. h. er sehr schnell auf Kundenwünsche eingehen muß und das bedeutet, daß er seinen Betrieb im Grunde

genommen mit Überkapazität an Betriebsmitteln fahren muß an Maschinen und mit flexiblem Personaleinsatz, so wie es eine Bank oder ein Krankenhaus auch tut. Daß er dem Personal mehr Arbeitsinhalt anbietet als es momentan verrichten muß, um sehr schnell auf neue Bedingungen eingehen zu können. Das Denken in hoher Produktivität, das wir haben, müssen wir ergänzen durch Denken in hoher Flexibilität in unserem einzelnen Arbeitsbereich. Damit ist eine Änderung unserer Produktionsphilosophie verbunden. Früher haben wir gesagt, wir müssen die Arbeit teilen, vereinfachen und auf möglichst viele Leute verteilen, damit jeder sehr schnell ein kleines bißchen Arbeitsinhalt beherrscht. Das brachte maximale Produktivität, aber minimale Flexibilität. Heute sagen wir, wir haben furchtbar viele Schnittstellen geschaffen, und jede Schnittstelle bedeutet Weitergeben von Arbeit und Information und ist zeitaufwendig. Was wir allein in den Betrieben an Produktivität verlieren dadurch, daß jeder in seinem Ressort nur seinen kleinen Bereich übersieht und danach denkt und handelt, ist enorm. Das heißt, wir werden das heute wieder mehr zusammenführen, und die Elektronik gibt uns dazu die Möglichkeit, weil es uns gelingt, an jeden Arbeitsplatz Informationen zu bringen und damit auch Entscheidungsmöglichkeiten. Wir werden in den Betrieben sehr viel weniger Hierarchiestufen haben. Wir werden versuchen, die Entscheidungen dort zu fällen, wo das Problem anfällt. Das ist auch möglich, weil wir die Informationen zum Entscheiden an den Arbeitsplatz bringen können und werden somit die Arbeitsinhalte steigern. Das bedeutet wiederum, daß der Qualifikation der Mitarbeiter eine viel entscheidendere Rolle zukommt als früher, so daß es für ein Unternehmen ganz wesentlich ist, ein hohes durchschnittliches Qualifikationsniveau der Mitarbeiter zu haben.
Wir müssen also gleichzeitig in neue Techniken wie in Mitarbeiter investieren, wenn wir überleben wollen im Wettbewerb. Nun, das führt dazu, daß wir mehr in Systemen denken müssen. Das fällt vielen schwer, insbesondere unseren Politikern, die nur immer an einer Schraube drehen und sich wundern, wenn es dann woanders irgendwo knirscht. Dieses Systemdenken bedeutet, daß wir der Information eine Schlüsselfunktion geben. Die Information wird genauso ein Produktionsfaktor wie Material, wie Mensch, wie Kapital. Dabei ist allerdings das Problem, daß die Information vielmehr durch die Software, durch ihre Verarbeitung, beherrscht werden muß als durch das einzelne Gerät. Wir haben heute den Engpaß in der Software. Das bedeutet, daß der Anwender sehr viel mehr mitdenken und mitwirken muß als früher. Früher bekamen Sie ein Gerät, eine Maschine, eine Schreibmaschine, und nach relativ kurzer Zeit konnten Sie es beherrschen.

Heute ist ein Textverarbeitungssystem sozusagen ein lebendes Gebilde. Es lebt von Ihren Möglichkeiten als Anwender, welche Software Sie selber schreiben, wie Sie das Gerät praktisch einsetzen, nutzen und auf Ihre Belange anpassen. Die Mitwirkung des Anwenders in der technischen Nutzung wird sehr viel entscheidender sein als früher. Das bedeutet auch, daß die Zusammenarbeit zwischen Hersteller und Anwender sehr viel intensiver werden muß. Ein kompliziertes technisches Gebilde – und die technischen Einrichtungen werden immer komplexer – kann nicht sozusagen zum Tag X schlüsselfertig übergeben werden und die volle Verantwortung beim Hersteller liegen, sondern der Anwender mit seinen Mitarbeitern und seiner Qualifikation ist sehr viel mehr und sehr viel länger gefordert, sich dieser neuen Technik zu bedienen und sie zu lernen. Das bedeutet, daß die Zusammenarbeit Hersteller und Anwender sehr intensiv noch überdacht werden muß.

Einen anderen Gesichtspunkt möchte ich noch anbringen.

Bisher war zum Beispiel Produktionstechnik vor allem erfahrungsbasiert. Es war eine Erfahrungswissenschaft, man lernte sozusagen durch „trial and error“ aus der Erfahrung. Das ist heutzutage erstens sehr aufwendig und zweitens dauert es zu lange. Ich bin der Ansicht, daß Produkte und Produktionsprozesse in Zukunft sehr viel wissenschaftsbasierter sein werden als früher. Die Simulationsverfahren, Simulationstechniken, daß Sie vorher etwas durchsimulieren: wie wird es, wenn?, werden sehr viel entscheidender sein als früher.

Kürzlich hörte ich einen Vortrag eines Managers von General Electric, der für die Automatisierungsvorhaben zuständig ist im Konzern. Er sagte, durch Simulationstechniken, sowohl bei der Planung wie nachher im Betrieb, wären Millionen von Dollar gespart worden, weil sie sehr viel vorwegnehmen können, was später an Problemen auftaucht.

Ein anderer Gesichtspunkt: Die Trennung von Mensch und Technik wird zunehmend möglich sein, d.h., die Maschinen und Anlagen werden so automatisiert werden, daß sie alleine über einen längeren Zeitraum produzieren können. Das bedeutet, daß die Arbeitszeit des Mitarbeiters flexibilisiert werden kann, weil er unabhängig von der Produktionsanlage tätig werden kann. Er kann dafür sorgen, daß die Produktionsanlage wieder für einen längeren Zeitraum allein arbeitet. Es ist also ganz wichtig, daß wir dem Thema flexibler Arbeitszeit unser Augenmerk widmen, denn das wird es uns möglich machen, auch bei verkürzter Arbeitszeit unsere Produktionsanlagen zu nutzen und unsere Wettbewerbsfähigkeit zu erhalten. Wir wissen, daß wir eines der Länder sind, in dem am wenigsten noch pro Jahr gearbeitet wird. Wir schauen bei dieser Diskussion immer nur auf die Produktionsarbeiter. Da bin ich der

Ansicht, daß diese Diskussion richtig und gerechtfertigt ist. Da, wo wir Arbeit auf Maschinen übertragen, ist es sinnvoll, daß der Mensch weniger Zeit noch arbeitet, weil es sonst zur Überproduktion kommt. Da ist Logik in dem Gedanken. Nur wir vergessen dabei, daß es sehr viele Bereiche gibt, auch im Produktionsbetrieb, wo nicht Arbeit auf Menschen übertragen werden kann – denken Sie an die Entwicklung, denken Sie an den Verkauf – da müßte es genau umgekehrt sein, da müßte man die Arbeitszeit verlängern auch in der Forschung, um nämlich neue Produkte und Möglichkeiten zu schaffen. Man kann Arbeit nur durch Arbeit schaffen. Das sind auch die Überlegungen in den USA und in der Schweiz, wo man über eine Arbeitszeitverkürzung nicht redet, weil man das Augenmerk mehr auf den zweiten Aspekt dieser Problematik lenkt. Kurz und gut, der flexiblen Arbeitszeit ist eine sehr hohe Bedeutung beizumessen. Wo sie nicht stattfindet, Trennung von Mensch und Technik – und da habe ich auch im Moment noch keine richtige Antwort darauf – das ist der Dialogbetrieb mit dem Rechner. Wenn Sie teure, komplexe Rechnersysteme haben, die im Dialog mit dem Menschen arbeiten, dann müssen Sie wieder eigentlich den Menschen an die Technik binden, um den Rechner zu nutzen im Schichtbetrieb. Hier ist noch eine gegenläufige Tendenz, zu der ich im Moment aber auch noch keine richtige Antwort weiß.

Nun noch ein anderer Aspekt: Zusammenarbeit zwischen Abnehmer und Zulieferant. Ich glaube, daß im Wettbewerb der Qualitätssicherung eine zunehmende Bedeutung zukommt. Heute machen wir volkswirtschaftlich immer noch einen Unsinn: Der Zulieferant kontrolliert am Ausgang und der Abnehmer kontrolliert am Eingang. Das wird in Zukunft wahrscheinlich nicht mehr notwendig sein, weil durch zunehmende Automatisierung der Qualitätssicherung der Zulieferant sozusagen ein Dokument mitliefern kann, daß sein Automat dieses Produkt geprüft hat und daß das die und die Eigenschaft hat und damit die Qualität erfüllt, so daß der Kunde diese Qualitätsprüfung beim Eingang nicht noch einmal nachzuvollziehen braucht.

Ein anderer Aspekt ist: Wenn ich an die Industrieausrüster denke, an die Lieferanten von Anlagen und Maschinen im Hinblick auf die elektronische Revolution, so bin ich nicht sicher, wer in Zukunft dieses Ausrüstergeschäft der Automatisierung machen wird. Nehmen wir das Beispiel Werkzeugmaschinen. Bisher konnte der Werkzeugmaschinenbau eine Werkzeugmaschine zur Bearbeitung von Werkstücken liefern und damit ein bestimmtes Geschäft tätigen. Heute verlangt der Kunde ein System. Er möchte sozusagen seinen gesamten Materialfluß und seinen ganzen Informationsfluß in der Produktion neu gestalten. Damit ist der einzelne

Werkzeugmaschinenlieferant häufig überfordert. Und wer wird dann Generalunternehmer?
Ich darf dazu ein anderes Beispiel nennen, wie sich die Dinge gewandelt haben. Wenn heute ein Schiff gebaut wird, denken wir ruhig einmal an eine Fregatte, dann ist nicht mehr die Werft der Führer bei der Erstellung dieses Schiffes, sondern ein Elektronikkonzern. Er ist der Systemführer, denn der Elektronikkonzern hat den technologischen Schlüssel für die Effektivität dieser Fregatte in der Hand. Wer wird also den technologischen Schlüssel in Zukunft für das Industriegeschäft, für das Automatisierungs- und Ausrüstergeschäft in der Hand haben? Ist es der Gerätelieferant, ist es der Softwarelieferant, ist es eine Ingenieurfirma, die die gesamte Verantwortung und Planung übernimmt? Hier sind, glaube ich, auch noch einige offene Fragen, die die einzelnen Unternehmen, die auf diesem Gebiet tätig sind, überdenken müssen.
Noch ein letzter Aspekt: Wir machen im technischen Denken keine Sprünge. Das erste Automobil sah aus wie eine Pferdedroschke, weil es sich in einer Pferdeumwelt bewähren mußte. Der erste Dampfer sah aus wie ein Segelschiff, weil er in einer Seglerumwelt sich bewähren mußte. So ist es heute auch noch in der Elektronik und – ich denke dabei insbesondere an unsere Arbeitswelt und Produktion und darf als Beispiel den Industrieroboter nennen. Den Industrieroboter, den versuchen wir heute so zu gestalten wie einen Menschen, weil er sich in einer menschenbezogenen Arbeitswelt bewähren muß. Ich bin sicher, daß in zwanzig, dreißig Jahren wir umgedacht haben. Daß dann unsere Produktionsstätten sozusagen robotergerecht aufgebaut sind, daß sowohl die Produktionsabläufe wie der Roboter ganz anders aussehen, weil alles von vornherein auf seine Möglichkeiten und begrenzten Fähigkeiten ausgestattet ist. Ich gehe also davon aus, daß sich die Arbeitswelt, in der Produktion vor allen Dingen, noch sehr stark wandeln wird, ohne daß wir das zur Zeit schon übersehen können.
Aber vielleicht noch ein positiver letzter Aspekt der elektronischen Revolution: Wir haben Produkte und Produktionen verloren, die ins Ausland gegangen sind, weil man dort eben mit geringeren Arbeitskosten montieren kann. Mit den heutigen programmierbaren Maschinen zeichnet es sich ab, daß wir etliche dieser Produkte und Produktionen wieder nach Deutschland zurückholen können. Wenn man hochautomatisiert produziert, kann man auch billige Produkte in Deutschland wettbewerbsfähig herstellen. Damit wird es uns gelingen, durch intelligentes Produzieren wieder einiges an Produkten und Produktionen nach Deutschland zurückzuholen.
Noch ein letztes Wort: Da wir die Elektronikhersteller hier am Tisch

haben, heute morgen wurde bereits andiskutiert: Technologische Lücken – haben wir sie oder haben wir sie nicht? Ich bin der Ansicht, wir haben sie per saldo nicht, wir können uns mit vielen Produkten und Produktionen sehen lassen und unsere Exportquoten beweisen es, die ja relativ immer noch weit höher sind als Japan und die USA.
Aber ein Bedenken habe ich als Anwender sozusagen und – das sollten wir vielleicht nachher diskutieren – haben wir eine gewisse Abhängigkeit in der Einfuhr von Elektronik, elektronischen Bauelementen, und ist hier überhaupt noch Autarkie für die Bundesrepublik Deutschland möglich und erstrebenswert, oder müssen wir auch hier mit einer weltweiten Verpflichtung in Zukunft leben? Vielen Dank.

Dr. Kaske:
Danke, Herr Professor Warnecke, danke beiden Vortragenden, insbesondere für die wertfreie Darstellung der Situation.
Die Vorträge von Herrn Dr. Lohr und Herrn Professor Warnecke stehen nun zur Diskussion. An Stoff hierzu wird es sicherlich nicht fehlen. Wir sollten aber versuchen, die Dinge etwas zu strukturieren.
Es ist gesprochen worden über die Auswirkungen dieser Technik auf die verschiedenen Industriezweige, auf die Produktionstechnik, aber auch auf die Beschäftigungslage, die Beschäftigungsbedingungen und die zukünftigen Qualifikationsmerkmale der Menschen in dieser Technik. Zum Schluß ist das sehr aktuelle Thema der Stellung der Bundesrepublik Deutschland in dieser Technologie angesprochen worden.
Ein Thema ist nicht zur Sprache gekommen, und ich erlaube mir, das nachzutragen. Ich meine die Frage: Was kostet eigentlich diese Technik? Es ist sicherlich den meisten nicht bekannt, daß das Herstellen von mikroelektronischen Bausteinen nach dem heutigen Stand, bezogen auf den Arbeitsplatz, etwa dreimal so kapitalintensiv ist wie das Stahlkochen. Um Ihnen einen Begriff zu geben: Eine Fabrikationslinie für die 1,5-μ-Technologie, in der man z. B. Speicherchips von 64 Kilobit herstellen kann, kostet rund 200 Millionen DM; eine Linie für die 1-μ-Technologie kostet ungefähr 400 bis 500 Millionen DM, und kein Mensch weiß heute schon, was es kosten wird, wenn Ende der achtziger Jahre die in Sub-μ-Technologie hergestellten 4-Megabit-Speicher am Markt sein werden. Ich schätze, das werden weit über 1 Milliarde DM allein an Investitionen sein – ohne die begleitenden FuE-Aufwendungskosten. Wir unterhalten uns also hier, wenn wir uns über die Mikroelektronik der Zukunft unterhalten, über Investitionssummen, die mittleren Stahlwerken gut zu Gesicht stehen.
Eine weitere Zahl: Die FuE-Aufwendungen bewegen sich hoch in den

zweistelligen Prozentsätzen vom Umsatz, zumindest in der Anfangsphase, und die Produktlebensdauer ist im allgemeinen unter zehn bis fünfzehn Jahren anzusetzen.
Weshalb ich diese Zahl nenne: die Ertragskraft der Unternehmen, die sich mit so etwas befassen, muß gut sein. Und deshalb dürfen Ergebnisse, die man aus dem laufenden Geschäft erzielt, nicht voll ausgeschüttet werden, sei es im sozialen Bereich oder als Dividende, wenn man die technischen Zukunftsaufgaben bewältigen will. Diese Randbemerkung möchte ich mir doch noch gestatten.
Ich darf Sie nun bitten, bei Wortmeldungen kurz Name und Firma zu nennen, da Herr Wippermann in seinen Aufzeichnungen alle Diskussionsbeiträge mit Namen aufführen möchte.

Herr Paufler:
Herr Prof. Warnecke, ich möchte hier an die Kostenfrage anknüpfen. Können Sie etwas über die Kostendegression für die Hardware von elektronischen Werkzeugmaschinensteuerungen sagen? Sie kennen mit Sicherheit die VDW-Studie von Boston-Consulting, wo nachgewiesen wurde, daß die japanischen Steuerungen im Preis wesentlich niedriger lagen als die hier verfügbaren. Hat es da eine Annäherung gegeben?

Prof. Warnecke:
Ich glaube, da ist Herr Dr. Kaske am besten gefragt.

Dr. Kaske:
Ich bin zwar kein Spezialist auf diesem Gebiet, aber ich möchte hier auf Herrn Warnecke zurückgreifen, der, ich glaube, recht deutlich dargestellt hat, daß es im Grunde auf das Gesamtleistungspaket ankommt: auf Hardware, Software und after-sale-Service-weltweit. Erst wenn man alle diese Komponenten in Betracht zieht und auch das enge, örtliche Kundenverhältnis, erst dann kann man über Wettbewerbsfähigkeit sprechen. Man muß also das Gesamtpaket sehen und darf nicht einzelne Scheiben herausschneiden.

Prof. Warnecke:
Ich glaube, eines kann man auf jeden Fall sagen: Von der technischen Seite, vom Komfort, der Programmierbarkeit, von der Leistungsfähigkeit können sich alle deutschen Steuerungen mit japanischen Steuerungen vergleichen lassen. Sie haben da sogar etliche Vorteile inzwischen. Sie wissen, die Japaner hatten einmal einen kleinen Vorsprung, den

haben wir aber m.E. wieder aufgeholt. Nur den Preis haben wir noch nicht aufgeholt, soweit ich weiß, und insofern ist eine reine Preisdiskussion eigentlich nicht gerechtfertigt. Man muß tatsächlich das Preis-Leistungs-Verhältnis sehen, und wenn ich davon ausgehe, daß der Steuerungsanteil 20 bis 25 Prozent vielleicht vom Werkzeugmaschinenpreis darstellt, und vielleicht noch eine Differenz von 20 Prozent ist in den Steuerungskosten zwischen japanischer und deutscher Steuerung, meine ich, daß man doch vielleicht inzwischen einen Stand erreicht hat, wo man diese Differenz von der Leistung her argumentativ überbrücken kann. Aber ob sie das tatsächlich auf dem Markt – Sie müßten es eigentlich besser wissen als ich – durchsetzen können, weiß ich nicht.

Dr. Dahlberg:
Ich war 15 Jahre Leiter der Halbleiteraktivität von AEG-TELEFUNKEN. Zu einigen Punkten von Herrn Warnecke möchte ich ein paar Bemerkungen machen.
Zunächst, Herr Warnecke, glaube ich nicht, daß Großfirmen im Elektroniksektor zu Dienstleistungsbetrieben des Marktes werden könnten. Das würde auch ein wenig der These widersprechen, daß in Zukunft die Systeme das Entscheidende sein werden. Systeme fallen nicht vom Himmel, und sie kommen auch nicht allein vom Markt, sondern sie werden von Großfirmen für den Markt geschaffen. Hier sehe ich bei Ihnen einen gewissen Widerspruch: Entweder sind es die Systeme, die in Zukunft den Ausschlag geben werden, oder es sind ausschließlich die Wünsche des Marktes, die dominieren. Ich kenne den Widerstreit zwischen Custom-Design und Standard seit vielen Jahren. Es ist ein ständiges Auf und Ab: immer dann, wenn zu viel angeboten wird auf dem Markt, wenn es also einen Käufermarkt gibt, dann dominieren die Wünsche des Marktes. Es wird herumgemäkelt, um den Preis zu drücken, und es werden Sonderwünsche verlangt. Wenn der Bedarf größer wird als das Angebot, dann können die Großfirmen ihre Problemlösungen so verkaufen, wie sie sie konzipiert haben, und das ist meistens viel besser als das, was ein einzelner Ingenieur sich irgendwo an einer Stelle des Marktes ausdenkt.
Aber ich möchte zu einem zweiten Problem kommen: Was ist denn die Antriebskraft der Integration? Im wesentlichen sind es doch die niedrigeren Kosten, die niedrigeren Preise für die Problemlösungen des Marktes. Wenn die Integration es nicht geschafft hätte, Problemlösungen anzubieten zu wesentlich niedrigeren Kosten, dann würde heute kein Mensch über Integration reden. Die entscheidende Frage wird auch in Zukunft sein, nicht nur, wer die besten Systemlösungen auf dem Markt anbietet,

sondern vor allem auch, wer sie am billigsten anbietet. Die Kosten werden entscheiden. Angesichts dieser Tatsache habe ich ein bißchen das Gefühl, daß wir in der Diskussion über die Revolution – wie es so schön heißt – der Elektronik Gefahr laufen, eine Momentaufnahme der Technik für das Ganze des Geschehens anzusehen. Die Versuchung liegt sehr nahe, eine Extrapolation dessen zu versuchen, was wir heute sehen. Das reicht aber vermutlich nicht für eine richtige Analyse. Sie haben selbst einen Begriff aufgeworfen, den ich auf die Gesamtsituation anwenden möchte. Sie haben gefragt: Wer wird in Zukunft Generalunternehmer werden? Wer werden in Zukunft die Generalunternehmer sein, und zwar dann, wenn sich die besten und preiswertesten Systeme einmal durchgesetzt haben? In einer Welt des internationalen Wettbewerbs kann diese Frage doch nur lauten: Welche Großfirmen werden in Zukunft die Generalunternehmer sein, weil sie die technisch besten Systemlösungen, die nach ABC-Analyse das Volumen A des Marktes ausmachen, mit den niedrigsten Herstellkosten verbinden können? Japan-Incorporated wird vermutlich dazugehören. Hier sehe ich eine riesige Gefahr auf uns zukommen. Wir bilden uns in Deutschland immer noch ein, daß wir mit dem – gegenüber Japan – veralteten (weil ineffektiveren) Konzept der freien Marktwirtschaft auch auf dem Gebiet einer Schlüsseltechnologie wie der Elektronik langfristig erfolgreich operieren können. Wir bilden uns ein, daß wir es uns leisten können, in Europa nationale Konkurrenzen auf dem Gebiet der Halbleitertechnik gegeneinander künstlich am Leben zu halten, obwohl wir auf dem Weltmarkt alle gemeinsam viel größere Konkurrenten haben. Ich habe mich vor 10 und 15 Jahren in Japan immer wieder gefragt, wie ist es möglich, daß man dort in die Halbleitertechnologie in einem Umfang investiert, wie es bei uns nur die Chemie auf ihrem Gebiet tut? Wie ist es möglich, daß man in Deutschland zu den Perspektiven der Halbleitertechnik immer wieder nur sagt: „Das ist doch alles Dramatisierung, Halbleiter kann man doch überall kaufen.“? Die Folge davon ist heute – und das sollte man dem berechtigten Stolz auf unsere Exporterfolge entgegenhalten –, daß der deutsche Export auf dem Gebiet der integrierten Schaltungen, der Mikroprozessoren, der Halbleiterspeicher, weit zurückliegt hinter den USA und Japan. Wir belügen uns selbst, wenn wir uns einbilden, daß unsere bisherigen Exporterfolge auch in Zukunft so weitergehen müssen. Zugegeben, wir haben einen imponierenden Export z. B. bei Werkzeugmaschinen und soliden Industrieausrüstungen aller Art. Aber in der Speerspitze der modernen Technologien, die den Schlüssel für die Systemmärkte der Zukunft, für den Export der Zukunft bringen werden, hinken wir in der ökonomischen Produktion um Jahre hinter den USA und Japan hinterher. Hier muß sehr viel mehr getan werden, und ich freue mich in dem Zusammenhang zu sehen, welche Summen heute in Deutschland z. B. das Haus Siemens für Halbleiterelektronik ausgibt. Diese Anstrengungen sollten jedoch ergänzt werden durch etwas anderes. Wir sollten nicht zu stolz sein, ein „volkswirtschaftliches System der Zusammenarbeit im Wettbewerb" wenigstens auf dem Gebiet der Elektronik zu kopieren, das uns Japan vormacht. Wenn wir uns über die EG sogar einen gemeinsamen Markt für Kartoffeln, für Getreide, für Stahl und Kohle leisten, warum tun wir dann nicht auch alles, um unsere Position für High Technology zu stärken? Sie wird viel wesentlicher und viel entscheidender unsere Zukunft bestimmen als alles das, was wir z. B. auf dem Agrarsektor machen. Hier ist viel nachzuholen.

Prof. Warnecke:
Vielen Dank, Ihre Frage oder Bemerkung ist sicher mehr noch an die Herren Dr. Kaske und Dr. Lohr zu richten. Ich darf nur eines sagen, was mich eben auch bedenklich gestimmt hat oder weswegen ich diese Frage aufgeworfen habe, wer macht das Geschäft in der Zukunft? In den USA ist eindeutig erkennbar, daß Konzerne wie General Electric, Westinghouse, General Motors Fanuc Divisions aufbauen, die sich mit dem Systemgeschäft und der automatischen Fabrik befassen, und die davon ausgehen, daß sie eben in Zukunft – und da, glaube ich, sind die Firmen der Ansicht, daß sie es maßgeschneidert tun müssen, weil jeder aufgrund seiner Produkte und Organisation und Produktion doch ein gewisses maßgeschneidertes System braucht – Systemlieferant sind und Systemverantwortung für größere Automatisierungsaufgaben übernehmen.
Wir betreiben das Automatisierungsgeschäft im Grunde genommen im wesentlichen mit einer mittelständischen Struktur von Firmen, z. B. unser Werkzeugmaschinenbau, und es hat sich bisher immer gezeigt, daß diese mittelständische Struktur sehr viele Vorteile hat wegen ihrer Bereitschaft, sich auf den einzelnen Kunden einzustellen. Nun ist eben die Frage: Wird die mittelständische Struktur durch eine solche Entwicklung nicht überfordert? Auch vom Risiko, vom Kapitalbedarf, von der Vorleistung her oder kann sie trotzdem mit ihrer Flexibilität z. B. der amerikanischen Konkurrenz paroli bieten? Gerade dieser Tage konnten Sie in den Wirtschaftsnachrichten lesen, daß General Electric in Frankfurt zunächst einmal ein Büro für Fabrikautomatisierung gegründet hat. Hier müssen wir m. E. sehr stark aufpassen, wie wir die Zukunft angehen. Ideal wäre, wenn sich mittelständische Hersteller in einem Verbund z. B. als Anbieter darstellen könnten, das wäre eine Möglichkeit. Ich bin nach wie vor der Ansicht, daß Großfirmen nicht die Flexibilität aufbringen

wollen oder können. Wenn Großfirmen im Automatisierungsgeschäft erfolgreich sein wollen und im Systemgeschäft, dann können sie das nur durch mittelständisch-strukturierte Ableger, Tochterfirmen machen, die eine entsprechende Flexibilität und Aktionsmöglichkeit haben. Aber hier, glaube ich, wird sich noch einiges tun, und das müssen wir aufmerksam beobachten.

Dr. Kaske:
Ich glaube, Herr Warnecke, Sie haben die Frage erschöpfend beantwortet, soweit dies in so kurzer Zeit möglich ist. Es gibt viele Facetten dieses Problems; um eines wird sicher die sogenannte Großindustrie nicht herumkommen: Die Bausteine für die Automatisierungstechnik zu liefern und aus einer überschaubaren Anzahl solcher Bausteine dann über kundennahe Mittler die entsprechenden Anlagen aufzubauen oder aufbauen zu lassen, oder vom Markt her diese Kombinationen zu finden.

Herr Frensemeyer:
Ich möchte hier die Frage stellen, ob die Herren am Podium zu folgenden Zusammenhängen etwas sagen können:
Sie wissen, daß die moderne Entwicklung teilweise über Subventionen gefördert wurde. Wir wissen, daß gezielt Programme mit öffentlichen Geldern finanziert werden und daß man darüber hinaus heute auf verschiedenen Gebieten die Entwicklung der Elektronik noch stärker fördern will.
Wir haben heute morgen den hervorragenden Vortrag von Herrn Prof. Merkle gehört und die Aussagen der Stellung des Unternehmertums zum Markt.
Andererseits gibt es das Problem der elektronischen Evolution und ihre Folgen. Es wird behauptet, gerade diese Entwicklung würde Arbeitsplätze vernichten. Es gibt viele Stimmen, die dies sagen.
Heute haben wir auch den Vortrag über Arbeitslosigkeit und Schattenwirtschaft gehört.
All dies vorangestellt, würde mich interessieren, ob man sich Gedanken darüber gemacht hat, ob und wie die Förderung durch öffentliche Gelder an Unternehmen der Elektronikfertigung eine falsche Tarifpolitik, also zu hohe Löhne, verursacht hat; d. h. ob mittelbar über öffentliche Gelder Arbeitslosigkeit produziert wurde. Und zwar deshalb, weil ohne den Wettbewerbsdruck nicht die geringsten Kosten für Entwicklungen und langfristig nicht die kostengünstigsten Investitionen zum Einsatz kamen. Ist das nicht – historisch gesehen – in den letzten 10 Jahren immer wieder eine folgenschwere Einflußnahme?

Staatliche Subventionen verfälschten die Wettbewerbssituation und störten den Marktmechanismus. Letztlich wurden über die daraus bewirkte falsche Kostensituation zu große Beträge für die Tarifpolitik auf der Unternehmerseite zur Verfügung gestellt.
Aufgrund der falschen Tarifpolitik – d. h. zu hohe Zugeständnisse bei den Löhnen und Gehältern – folgt die heutige Arbeitslosigkeit und hieraus der Anspruch auf weitere öffentliche Gelder.
Ich glaube, daß es uns gut ansteht als Baden-Badener, über diese Zusammenhänge einmal nachzudenken. Ich möchte fragen, ob sich einer mit diesen Überlegungen befaßt hat.
Wir haben auch von Herrn Prof. Merkle heute gehört: „Wir als Baden-Badener und wir als für Unternehmen Verantwortliche müssen uns mit diesen Problemen befassen, auch wenn es uns persönlich wehtut, ob solche Verursachungszusammenhänge nicht mittelfristig und langfristig die Marktabläufe schädigen."

Dr. Kaske:
Vielleicht darf ich selbst versuchen, eine Antwort dazu zu finden. Meine Damen und Herren, es gibt eine Förderung des BMFT. Ob sie gut oder schlecht, gerecht oder ungerecht, sachgemäß oder unsachgemäß ist, sei im Augenblick dahingestellt. Ich möchte nur einmal die Hintergründe für eine staatliche FuE-Förderung beleuchten und auch die für mich einzig und allein geltende Begründung.
Ein Beispiel: Wenn Sie den Geschäftsbericht der General Electric des Jahres 1983 aufschlagen, sehen Sie, daß diese Gesellschaft nur 45% ihrer FuE-Kosten selbst trägt, 55% sind „customer-founded". Und im Text kann man dann lesen, daß der „customer" das „government" ist. Ich will hier nicht näher darauf eingehen, wie hoch die Förderung quantitativ in den USA, in Japan oder in Frankreich auf den Hochtechnologiefeldern durch die Regierung ist. Meistens ist es ja das Verteidigungsministerium und nicht eine neutrale Stelle, wie bei uns das Bundesforschungsministerium. Bei uns fördert das BMFT Technologien, die in anderen Ländern militärisch oder auf andere Weise staatlich gefördert werden. Nur zur Ausschaltung dieser unfairen Wettbewerbsbedingungen am Weltmarkt ist für uns eine Forschungsförderung akzeptabel, erwünscht und notwendig.
Ich möchte damit keine Diskussion eröffnen über alle die Dinge, die in der Vergangenheit gefördert wurden; z. B. Bohrverfahren für Mineralquellen; ich habe das stets für eine verfehlte Förderungspolitik gehalten. Ich bin aber der Meinung, daß es Technologien gibt, die in anderen wesentlichen Wettbewerbsländern in viel höherem Maße gefördert wer-

den als bei uns, und daß man sich in der bundesdeutschen Förderungspolitik auf diese Techniken beschränken soll.

Prof. Warnecke:
Ganz kurz noch, ich glaube, man überbewertet das. Vom gesamten Forschungs- und Entwicklungsaufwand in der Bundesrepublik Deutschland, der etwa zweieinhalb Prozent des Bruttosozialproduktes beträgt, relativ etwas höher als in den USA und Japan etwa, bringt zwei Drittel die freie Wirtschaft selber auf und ein Drittel im wesentlichen das Bundesforschungsministerium, das sind etwa 6 bis 7 Milliarden Mark im Jahr. Und wenn man das analysiert, diese 7 Milliarden Mark, dann geht der größte Teil in sogenannte Großtechnologien, also z. B. Kernkraftwerksforschung und andere Dinge, so daß die Förderung, die direkt in mittelständische Betriebe geht, meines Erachtens von minimaler Bedeutung ist gesamtvolkswirtschaftlich.

Dr. Kaske:
Wenn wir hier schon über Zahlen reden: Siemens hat im abgelaufenen Geschäftsjahr 1983/84 rund 3,8 Milliarden DM für FuE aufgewandt; zu dieser Summe haben wir 73 Millionen DM als Siemens AG-Förderung vom Bund bekommen. Das sind weniger als 2%. Der Förderungssatz für die mittelständische Industrie liegt meines Wissens bei 6 bis 7%. Insofern liegt die Siemens AG beträchtlich unter dem Durchschnitt.
Aber Herr Lohr wollte zu dem Thema noch was sagen.

Dr. Lohr:
Zu diesem Thema nicht, Herr Kaske, ich möchte auch nichts zur Höhe und Verteilung der Förderungsbeiträge sagen. Sicher gibt es zu dem Thema unendlich viel zu diskutieren, es ist vielleicht nicht das richtige Thema für diese Diskussionsrunde, aber zu Ihrem Einwand, Herr Frensemeyer, sollte noch etwas gesagt werden:
Es gibt ja eine lebhafte Diskussion zum Thema direkte/indirekte Forschungsförderungen. Man kann, glaube ich, ohne jede Wertung sagen, daß bestimmte Forschungsaufgaben nicht über eine indirekte Förderung darstellbar sind, weil die Mittel für Großforschungsprojekte einfach auf wenige leistungsfähige Unternehmen konzentriert werden müssen. Dafür kann dann nur eine direkte Förderung in Frage kommen.
Das, was Herr Dr. Kaske gesagt hat über die wettbewerbsentzerrende Wirkung der Förderung des BMFT, kann ich nur unterstreichen. Man muß auch dazu noch wissen, daß die zur Verfügung gestellten Mittel im

wesentlichen, eigentlich der Zweckbestimmung nach, ausschließlich das „F“ bei F + E fördern und nicht so sehr das „E“. Die Firmen entwickeln die Geräte und Produkte in der Regel mit eigenen Aufwendungen.
Die durch Militär, Raumfahrt und durch sonstige Auftragsverfahren in USA, Japan, Frankreich und anderen Ländern finanzierte Forschung geht mehr in die Grundlagenforschung. Die Forschungsergebnisse werden für die dort ansässigen Unternehmen für spätere Produktentwicklungen nutzbar gemacht. Dieses Wissenspotential würde uns in der Bundesrepublik fehlen, wenn nicht durch die Mittel des BMFT ein entsprechendes Äquivalent geboten würde, das aber im Vergleich zur Subventionsmentalität in anderen Bereichen, auch in der EG, nicht nennenswert zu Buche schlägt. Man sollte dies nicht als Subvention betrachten. Ich glaube, jeder hier im Raume ist gleich negativ zu einer generellen Subventionsmentalität eingestellt. Hier muß man die wettbewerbsentzerrende Bedeutung sehen, die in einer solchen Finanzierung liegt, und die ganz entscheidend für unsere Wirtschaft notwendig ist.

Herr Dr. Rohrer:

Zum Thema, das wir hier besprechen, der Revolution oder Evolution, hätte ich gern eine Frage an Sie beide, Herr Dr. Lohr und Professor Warnecke, ausgehend von Ihren Ausführungen.
Herr Dr. Lohr, Sie haben vorhin mehr am Rande die in der Vernetzung, kommunikativen Vernetzung, liegenden Zukunftsmöglichkeiten erwähnt. Für den nicht so technologisch vorgebildeten Teil der Zuhörer eine Frage: Meinen Sie damit auch das, was heute politisch eine so große Rolle spielt: die Verkabelung? Stellen sich unter diesem Aspekt die Alternativen Arbeitsplatz zu Hause und Teilarbeitsmöglichkeit? Damit komme ich zu Prof. Warnecke und zu der Aussage, daß in der Produktion im Grunde genommen die Ersetzung von Arbeitsplätzen im Ausmaß der Freistellung nicht möglich ist, sondern daß die Beschäftigung durch zusätzliche Arbeitsplätze aus anderen Bereichen kommen muß. Liegen hier Möglichkeiten?
Zweiter Teil der Frage: Glauben Sie, daß der Ausbildungsstand der älteren Generation und unser Ausbildungssystem für die kommenden Jahrzehnte eine ausreichende Grundlage bilden, um diese Probleme, mit denen wir uns doch wohl zweifellos auseinanderzusetzen haben, friktionslos zu überwinden?

Prof. Warnecke:

Ich werde versuchen, es zu klären, obwohl das ein sehr komplexes Thema ist mit der Verkabelung.

Das, was man gemeinhin als Verkabelung bezeichnet, ist die sogenannte Koaxverkabelung, d. h. das, was ausgehend von der erweiterten Verteilbarkeit von Fernseh- und Hörfunkprogrammen geplant war. Die Zweckbestimmung dieser Verkabelung ist vorrangig, ich möchte fast sagen ausschließlich auf eben gerade dieses, eben das erweiterte Verteilen von Hörfunk- und Fernsehprogrammen, gerichtet. Wenn es in einzelnen Bereichen, Sektoren auch der Nutzung sinnvoll und zweckmäßig ist, ohne eine zusätzliche Kostenbelastung dieser Netze darzustellen, können diese Netze auch parallel zu der Übertragungsfähigkeit für Funk- und Fernsehprogramme zur Übertragung von anderen Diensten verwendet werden, aber durch ihre Struktur immer nur zu Massenkommunikationsdiensten und Masseninformationsdiensten, niemals – und dies ist eine ganz klare Aussage, weil auch eigentlich logisch und sinnvoll, aber es mußte einmal klargestellt werden seitens der Bundespost, daß Individualkommunikationsdienste auf diesen Netzen nicht zugelassen werden, auch gar nicht ablaufen können. Das, was ich vorhin mit Vernetzung meinte, läuft in einer anderen Netzstruktur, ausgehend vom Fernsprech- und Fernmeldenetz der Bundespost in diesem Lande oder in anderen Netzen anderer Länder, aber bleiben wir mal in diesem Land, hier haben wir ein außerordentlich weitverzweigtes und leistungsfähiges Netz vor uns, das in der ISDN genannten Netzbetreibungsart für die Übertragung von Daten und Texten zusätzlich zur Sprache und ergänzend zur Sprache, ohne sie zu stören, verwendet werden kann. Dies geht bis zu Geschwindigkeiten von 140 Kilobit/Sek. und läßt damit ein außerordentlich leistungsfähiges Datenübertragungs- und Kommunikationsnetz entwickeln. Die darauf aufbauende weitere Entwicklung wird die Optoelektronik verwenden, d. h. das Glasfaserkabel im Schlagwort, obwohl da viel mehr als nur das Kabel dazugehört, diese Optoelektronik wird dann Bandbreiten in die Mega- und Gigabit oder Übertragungsgeschwindigkeiten bis in die Gigabit zulassen, d. h. dann eben eine weitergehende daten-, text- und bildtechnische Nutzung.
Dies muß aber alles unabhängig gesehen werden von dem, was Sie gemeinhin in der Presse als Verkabelungspläne der Bundespost lesen. Da wird ungeheuer viel durcheinandergebracht und Unklarheit ausgestreut. Die primäre Zielsetzung, ich darf es noch einmal sagen, dessen, was hier unter Verkabelung immer läuft, ist die erweiterte Verteilung von Fernseh- und Hörfunkprogrammen, in Fernsehprogrammen im wesentlichen, und dazu möchte ich mich nicht äußern, weil dies keine technische, sondern eine politische Frage ist.

Dr. Kaske:
Vielleicht darf ich an Herrn Professor Warnecke anschließend noch einige Bemerkungen zu dem ganzen Thema machen.
Wenn es richtig ist, daß die Gesamtstruktur unserer Wirtschaft und unserer Gesellschaft sich ändert vom Produzieren – ich nehme mal das Fachwort – von der Hardware zur Software, wenn also Information zum Wirtschaftsgut wird, dann brauchen wir auch eine andere Infrastruktur in der Bundesrepublik. Ich möchte es so verdeutlichen: Unsere Infrastruktur ist gegeben durch die Flüsse, durch die Schiffahrt, durch die Eisenbahn, durch den Luftverkehr, die letztlich für den Transport der alten materiellen Wirtschaftsgüter optimiert sind – noch nicht mal optimiert sind, denn die wesentlichen Eisenbahnverbindungen sind früher von West nach Ost strukturiert worden und durch das unglückliche Ende des Krieges fehlen heute noch, 40 Jahre nach Beendigung des Krieges, die schnellen Verbindungen von Süd nach Nord.
Wenn wir also die Zukunft bewältigen wollen, Herr Warnecke, und die Information als neues Wirtschaftsgut an jedem Ort so schnell zur Verfügung stellen wollen, wie es zu seinem Bearbeiten, zum Weiterverarbeiten, zum Verteilen, erforderlich ist, dann müssen wir auch daran gehen, jetzt die Transportwege für dieses Wirtschaftsgut herzustellen und zu optimieren.
Ich halte es aber für nahezu müßig, in der Öffentlichkeit und in den Zeitungen über technische Lösungsvarianten dieses Grundproblems zu diskutieren. Der einzelne hat über die Ausstattung in seinem Gelände, seiner Fabrik oder seinem Bürogebäude zu entscheiden, aber die Herstellung, der Bau von „Eisenbahnlinien und Autobahnen" für das Wirtschaftsgut Information, das sollten wir – und da habe ich ein klares Bekenntnis – der Bundespost überlassen, so wie auch keiner heute daran denkt, private Eisenbahnen oder private Autobahnen zu bauen.
Und nun zur Frage, ob Koax oder Zweileiterkupfer, ob pro Sekunde 140 Kilobit oder 50 oder 100 Megabit das Richtige sei. Das ist eine Frage des Transportvolumens und der Kapazität, die benötigt wird, um dieses Wirtschaftsgut Information zu transportieren. Wollte man überallhin Glasfaserkabel legen, wäre das so, als wenn man an jedes Einfamilienhaus einen Autobahnanschluß legen wollte. Die Glasfaser ist zunächst einmal die Autobahn für die Informationen, und sie hat sich zu verzweigen in andere Techniken. Diese Probleme nun unter Nichtfachleuten zu diskutieren, das ist zur Zeit ein Übel, gegen das sich eigentlich unsere Politiker einmal anständig wehren sollten. Als Industrie können wir nur dafür sorgen, daß die notwendigen Mittel zur Verfügung stehen. Wie sie eingesetzt werden, das ist eine Frage der großräumigen Strukturplanung.

Da möchten wir als Firmen gar nicht Einfluß nehmen. Das müssen wir ausdrücklich von uns weisen. Nicht SEL, nicht Siemens hat der Deutschen Bundespost zu sagen, was sie zu tun und zu lassen hat.

Prof. Warnecke:
Ich kann das nur voll unterstreichen. Die leistungsfähigen Kommunikationsnetze, die die Bundespost einrichten kann und einrichten wird, sind wie die Autobahnen im Straßenverkehr in der Tat zu sehen, und es ist ja auch so, daß erst die Autobahnen letztlich die Entwicklung der Verkehrsmittel stimuliert und über die Zeit hin ermöglicht haben und nicht umgekehrt.
Eine Frage von Ihnen hatte ich noch ausgelassen: der Arbeitsplatz zu Hause. Dies ist auch ein von den Gewerkschaften sehr gerne hochstilisiertes Problem. Wir sollten auch das nicht zu einem solchen Diskussionsobjekt werden lassen, da dies eine Entwicklung sein wird, die von ganz allein, einfach als eine natürliche Evolutionserscheinung kommen wird, ob wir sie nun bewußt anstreben oder nicht. Es werden einfach, wenn die leistungsfähigen Übertragungsmittel, eben die Autobahnen da sind, auch die entsprechenden Nutzungsmöglichkeiten entstehen, und die Nutzung wird von ganz allein dahin führen, daß sich bestimmte Arbeitsläufe besser, einfacher und humaner – um den Ausdruck einmal zu gebrauchen – von zu Hause aus bewältigen lassen werden, zum volkswirtschaftlichen Gesamtnutzen natürlich, der dadurch ohne jeden Zweifel verbessert werden wird.

Dr. Kaske:
Obwohl da sicherlich manche emotionale Hemmnisse bestehen. Ich nehme nicht an, daß das übermäßig an Bedeutung gewinnen wird. Bei einer Diskussion, die auf Englisch stattfand, hat mir eine Dame einmal auf die Vorstellung, daß der Angetraute dann zu Hause ist, erwidert: „I married him for better and for worse, but not for lunch."

Prof. Warnecke:
Ich brauche eigentlich gar nicht mehr viel dazu zu sagen, weil es größtenteils schon beantwortet ist. Man extrapoliert eben und sagt, wenn so ein Informationsverkehrsnetz existieren würde, dann ist es ja gar nicht mehr notwendig, daß jemand zur Arbeit fährt, sondern man kann ihm die Arbeit ins Haus bringen – elektronisch. Er kann am Bildschirm irgendwie seine Arbeiten abwickeln, im einfachsten Fall einen Text bearbeiten oder schreiben lassen, z.B. eben von der Frau, die zu Hause bleiben muß

wegen der Kinder. Man könnte ihr also Arbeit ins Haus liefern. Da laufen auch zur Zeit Versuche in Baden-Württemberg. Dies ist ein Versuch unter dem Stichwort „Nachbarschaftsbüro“, an dem wir selbst beteiligt sind; wo man eben versucht, viele Schreibaußenstellen z. B. zu schaffen. Inwieweit das einen Beschäftigungseffekt hat, ist, glaube ich, schwer abzusehen, weil einmal schwer abzusehen ist, wie groß ist die Bereitschaft der Firmen, so etwas zu nutzen, und zum anderen, glaube ich, ist sehr schwer abzuschätzen, wie ist die soziale Komponente: Wollen sie nicht doch lieber zwischendurch mal Ihre Kollegen oder Kollegin sehen und sprechen und fühlen und riechen, anstatt alleine vor dem Bildschirm zu Hause zu sitzen?
Diese Fragen sind sehr schwer zu beantworten, so daß im Moment noch niemand weiß, wie groß dieser Effekt tatsächlich sein wird, wie stark das angenommen wird.
Zum Ausbildungssystem noch eine kurze Bemerkung: Es gibt Diskussionen, wo einige die Ansicht vertreten, da wir viel Wissen im Computer haben und jederzeit abrufbereit haben, brauchen wir auch nicht so viel Wissen in unser Gehirn hineinzustopfen. Ich glaube, daß das eine Fehlentwicklung und Fehlmeinung ist. Denn wenn man sich überlegt, wie können wir etwas entscheiden und wie handeln wir? Dann doch immer vor dem Hintergrund einer ganzen Menge Wissens, das wir im Grunde genommen gar nicht brauchen, das uns aber die Sicherheit gibt, daß wir nicht so ganz danebenliegen. Und wir haben nicht dauernd einen Computer dabei, um den dann befragen zu können nach irgendwelchen Daten, so daß ich der Ansicht bin, daß unser Ausbildungssystem, soweit es Grundlagen vermittelt – das ist vielleicht über die ersten acht, neun Schuljahre, da brauchen wir m. E. nichts oder nicht viel daran zu ändern, die Grundlagen werden auch in Zukunft bestehen bleiben, nur dann in den letzten Stufen und ganz besonders dann im Fachhochschul- und im universitären Bereich – da, meine ich, sollte man mehr diese Frage der Elektronik, Nutzung, Software programmieren können, Rechnernutzung hineinbringen, als es heute der Fall ist. Da haben wir aber das Problem, daß die Lehrkräfte es gar nicht beherrschen, um das jetzt schon im großen Stil durchzusetzen. Es wird also ein allmählicher Prozeß sein, d. h. also, die Berufsausbildung wird immer der technischen Entwicklung etwas hinterherhinken.

Herr Engelhardt:

Herr Dr. Lohr, Sie sagten bei Ihrem Vortrag, daß die Elektronik auch zur Bewahrung der Umwelt einen direkten Umweltschutz auslösen könnte. Meine Frage an Sie: Welcher Art ist das? Ist es die Erkennung? Ist es zur

Sicherung da, ist es zur Bekämpfung, welcher Zeitpunkt? Und wenn das so ist, erscheint mir diese Frage in dem politischen Umfeld außerordentlich interessant und wirkungsvoll zur Bekämpfung der Verteufelung der Elektronik, denn alle Medien und alles, was politisch agitiert, ist ja der Elektronik grundsätzlich erst einmal zumindest reserviert, wenn nicht feindlich gegenüber eingestellt, und ich würde gerne darüber etwas mehr hören.

Dr. Lohr:
Die Elektronik läßt sich in allen von Ihnen genannten Bereichen einsetzen. Einmal ist sie natürlich das einzig denkbare Mittel, um die entsprechenden Sensoren und die entsprechende Meßtechnik aufzubauen. Aber ich meinte eigentlich viel mehr die Nutzung der Elektronik in den Bereichen, in denen nach heutiger Erkenntnis unsere Umwelt belastet wird, zu einer besseren Verwertung der Rohstoffe.
Beispiel: Die bessere Steuerungstechnik für Heizungsanlagen, die mit Hilfe der Elektronik sehr viel feinfühliger den wirklichen Wärmebedarf erfassen und in die Heizungstechnik einbringen kann, so daß dadurch weniger Öl verbrannt wird als bei einer gröberen Art der Steuerung, die eben vielleicht nur vom Thermometer aus gesteuert wird, außerdem auch noch gesteuert nach dem zeitlichen Ablauf, nach der Nutzung der Räume.
Sie können also hier eine vielschichtigere, vielseitigere, flexiblere Steuerung der Wärmezufuhr in einem Gebäude – besonders in größeren Bürogebäuden – vornehmen. Das gleiche gilt für die Kühlung, oder im industriellen Bereich, bei der feinfühlig gesteuerten ökonomischen Verwertung der eingesetzten Rohmaterialien, von der chemischen Industrie angefangen bis auch in die großtechnische Förderungstechnik in Kraftwerken.
Darüber hinaus läßt ein weiterer Umweltsünder – um den Alltagsausdruck hier einmal zu gebrauchen – das Automobil, mit Hilfe elektronischer Verbrennungssteuerungen und der Steuerung von Fahrzeugparametern, im Motor, sehr viel besser auf eine effektivere Nutzung des Kraftstoffs einstellen als dies mit mechanischen oder anderen Mitteln möglich gewesen ist. Der Einsatz der Elektronik kann zur Umweltentlastung einen erheblichen Beitrag liefern und wird ja auch hin und wieder in diesem Zusammenhang erwähnt. Sie haben vielleicht recht, daß man gerade in dieser Zeit, wo die Umweltfrage ja eine besondere Rolle spielt, dies immer wieder erwähnen sollte.

Herr Gehrels:
Unsere Mitbewerber in Japan und den USA beziehen ihre Stärke und auch ihre Impulse nicht nur aus der staatlichen Förderung, sondern ganz wesentlich auch aus ihren Ländern, aus ihren Heimatmärkten. Und beim Vergleich unseres Marktes, des deutschen Marktes, mit den USA und Japan ist unverkennbar, daß wir das Stadium der Unschuld schon längst verlassen haben. Während in diesen beiden Ländern noch heute eine ungebrochene Fortschrittsgläubigkeit vorherrscht, wird bei uns das Thema Fortschritt von breiten Kreisen zumindest differenziert gesehen, von einer Minderheit schlechtweg abgelehnt. Das zeigt beispielsweise sehr deutlich auch die Diskussion um das Thema Breitbandverkabelung. Das führt dazu, daß wir heute Heerscharen arbeitsloser Lehrer, Politologen oder Soziologen haben, aber einen ganz eklatanten und unerträglichen Mangel gutausgebildeter Elektronikingenieure. Das zeigt sich aber auch darin, daß viele gute Produktideen nicht bei uns ihren Ausgang nehmen, sondern in Japan oder in den USA. Und zwangsläufig eröffnen oder ergeben sich dann Märkte auch in diesen Ländern früher als bei uns.
Hier in diese Kategorie gehört nämlich auch das Thema Kostenunterschiede bei numerischer Steuerung. Numerische Steuerung und Videorecorder haben eines gemeinsam: Es sind Elektronikprodukte, und das Volumen entscheidet ganz maßgeblich über die Kostenposition. Der breite Einsatz von numerisch gesteuerten Werkzeugmaschinen in Japan hat aber dazu geführt, daß heute in Japan mehr als zehnmal so viele numerische Steuerungen gefertigt werden als hier bei uns.
Ich halte die mangelnde Bereitschaft für den Einsatz neuer Technologien hier bei uns für eine ganz große Gefahr. Wir sind in den internationalen Wettbewerb eingebunden. Wir leben ganz stark vom Export. Wir haben nicht die Möglichkeit eines Entwicklungslandes, uns auf den Agrarsektor oder auf den Touristiksektor zurückzuziehen. Und hier meine ich, müßte die Industrie viel tun. Herr Dr. Lohr hat vorhin von der Konzentration der Kräfte gesprochen. Ich persönlich meine, nicht Konzentration, sondern Aktivierung aller Kräfte ist notwendig. Und ich möchte auch gern anknüpfen an das, was Herr Prof. Merkle heute morgen sagte, auch eine durchgreifende Motivation ist notwendig. Ich bin der Auffassung, hier ist die Industrie aufgerufen, hier sind wir alle aufgerufen, ganz kräftig einzugreifen, damit dieses Schlagwort von der technologischen Lücke nicht für unser Geschäft zu einer Gefahr für die Zukunft wird.

Dr. Kaske:
Das Schlagwort von der technologischen Lücke ist schon eine begriffliche Fehlleistung. Denn Technologie heißt wörtlich genommen: das Wissen

um die Technik. Wenn ich auf Ihren Beitrag eingehe, Herr Gehrels, wir wissen ja alles um die Technik, nur die Märkte sind manchmal zu klein, um von Anfang an kostengünstig auftreten zu können. Der US-Markt ist etwa 50% des zugänglichen Weltmarktes. Und jemand, der auf dem US-Markt ein neues Produkt entwickelt, hat die Chance, von Anfang an eine etwa siebenmal höhere Produktion zu verkaufen als es in der Bundesrepublik der Fall ist. Herr Lohr kann das auf dem Gebiet der Telekommunikation bestätigen: das amerikanische Telefonnetz ist etwa siebenmal so groß wie das bundesrepublikanische, und diese sieben abgespalteten Töchter der früheren AT & T, jede dieser sieben Bell Operating Companies ist so groß wie die Deutsche Bundespost. Aber ich glaube, Herr Gehrels, bei uns rennen Sie offene Türen ein. Es ist die Frage, wie wir die anderen Fakultäten davon überzeugen, daß wir um die Bewältigung der offenkundigen Probleme einer elektronischen Revolution als führendes Industrieland nicht herumkommen. Wir können uns nicht davor drücken. Das war der Hintergrund meines Satzes heute morgen: diese Revolution entläßt ihre Kinder nicht. Wir müssen es schaffen, und alles Gerede, daß man sich darum drücken könnte, ist ein Sägen am Ast, auf dem unser Wohlstand sich nur entwickeln kann. Ob das nun gerade das Richtige ist ...
Im übrigen hat sich die Technikakzeptanz in der jetzt nachwachsenden jüngeren Generation bereits ganz erheblich gebessert. Man merkt das sehr deutlich bei den heute 17-, 18-, 19jährigen. Sie haben eine andere, sehr viel positivere Einstellung zur technischen Entwicklung und werden dies natürlich dann auch in die kommenden Jahre weitertragen. Da ist in den vergangenen Jahren etwas fehlgelaufen in der ganzen Grundentwicklung und der Ausbildung in den Schulen. Das gleiche gilt bei den Absolventen für die Ingenieurwissenschaften, die Elektrotechnik insbesondere. Hier ist in den letzten Jahren sehr viel geworben worden, da hat sich vieles verbessert. Es ist aber immer noch sehr, sehr viel zu tun, um von dem Glauben an die „grüne Harmonie" wegzukommen und sich wieder darauf zu besinnen, daß wir nur als Hochtechnologieland überleben können. Es gibt keine andere Basis für unser Überleben.

Dr. Rosengarten:
Ich wollte gern eine Frage stellen zur Unternehmenspolitik in Japan und den USA und in der Bundesrepublik, und zwar anknüpfend an eine Feststellung von Herrn Prof. Warnecke, daß wir ein Einfuhrdefizit an Bauelementen haben. Dieser Bauelementemehrbedarf bei uns wird ja gedeckt durch amerikanische und japanische Unternehmen, und ich habe kürzlich in einer amerikanischen Zeitschrift gelesen, das läge auch

teilweise daran – ich weiß nicht, ob das richtig ist –, daß die deutschen Großunternehmen sich darauf beschränken, wenigstens bisher beschränkt haben, nur ihren Eigenbedarf an Bauelementen herzustellen. Herr Dr. Kaske hat vorhin auf die Kosten solcher Produktionslinien hingewiesen, hat auch darauf hingewiesen, daß die Lebensdauer dieser Produkte beschränkt ist, was letztlich für einen Banker dahin umzumünzen ist, daß eben wohl die Amortisation der Investitionen wegen der kurzen Lebensdauer dieser Produkte in der entsprechenden Zeit nicht hereingeholt werden kann. Frage: Wenn für die Amerikaner und Japaner ähnliche Kriterien gelten – warum ist die amerikanische und japanische Industrie so lieferfähig bei diesen Elementen und warum beschränken wir uns? Zum Schluß hat Herr Dr. Kaske gesagt, ich habe es wenigstens so verstanden, daß die Großindustrie in Deutschland mehr Elemente herstellen müßte, um auch die mittelständische Industrie damit zu versorgen, d.h. im Klartext, daß man dieses Einfuhrgap irgendwie von seiten der Großindustrie durch erhöhte Produktionsanstrengungen auf diesem Sektor ausgleichen müßte. Aber vielleicht könnte dazu nochmals etwas gesagt werden, denn mir scheint es so, daß auch verschiedene Unternehmensphilosophien hier in Frage stehen.

Dr. Kaske:
Zunächst einmal ist es nicht richtig, wenn der Eindruck entstanden ist, daß die Hersteller in Europa nur ihren eigenen Bedarf decken. Für unser Haus gilt zum Beispiel, daß wir weit über zwei Drittel am externen Markt verkaufen, denn nur dann, wenn Sie die Stückzahlen des externen Marktes haben, können Sie für die Bauelemente, die Sie selbst verwenden, davon ausgehen, daß Sie kostenmäßig wettbewerbsfähig sind, d. h. daß Sie wettbewerbsfähige Komponenten in Ihre eigenen Geräte und Systeme einbauen. Die Fertigungen in Europa – und da muß ich Frankreich und andere Länder miteinbeziehen – sind eben nicht in der Weise aufgebaut worden, wie es z.B. die Japaner gemacht haben. Wir klagen in Europa darüber, daß die Japaner 22 Millionen Videorecorder bauen und damit die Märkte überschwemmen, oder daß Mitsubishi so viele Autos baut und die Märkte überschwemmt. Diese Nischen- oder diese sektorale Vorgehensweise der Japaner hat aber nicht nur bei uns zu einem Nachdenken geführt, sondern auch die amerikanischen Hersteller haben in den letzten drei bis fünf Jahren unendliche Anstrengungen unternommen, um diesem sektoralen Angriff der Japaner auf dem Gebiet der Mikroelektronik zu begegnen. Es war ja schon so, daß ganz hohe Prozentsätze an Speicherelementen, die die USA verwendeten, aus Japan kamen. Also hier kann man nicht so generell vorgehen. Das Ganze

ist schlicht und einfach eine Frage des notwendigen Investments, der Größe der Märkte und des Wettbewerbsverhaltens.

Dr. Lohr:
Ich glaube nicht, daß die Behauptung richtig ist, daß europäische Unternehmen vorwiegend für ihren eigenen Bedarf produzieren. Der Markt ist hier in Europa viel zu eng, als daß man sich das leisten könnte.

Dr. Kaske:
Wir exportieren von dem extern verkauften Material etwa 60%.

Dr. Lohr:
Ja.

Dr. Rosengarten:
Eigentlich weichen Sie der Frage immer noch ein bißchen aus. Ich habe vor einiger Zeit einen Beitrag gehört, ich glaube von IBM, die sich Gedanken gemacht haben über die Elektronikproduktion im Jahr 2000 und sie meinten, daß im Jahr 2000 die Produktion von Schaltkreisen, elektronischen Bauelementen sich weltweit so aufteilt, ganz grob gesagt zwei Drittel in amerikanischer Hand, da zählt natürlich IBM Deutschland als amerikanische Firma dazu, und ein Drittel in japanischer Hand und Europa mit irgendwo 2 oder 3 Prozent könnte man also vernachlässigen. Ich will gar nicht diskutieren, ob das stimmt oder nicht stimmt, möchte aber doch gerne nochmal die Frage stellen: Ist es überhaupt sinnvoll, eine Autarkie in der Produktion elektronischer Bauelemente, sagen wir Schlüsselbauelemente, anzustreben oder ist das hoffnungslos, weil es einfach in Europa die Märkte nicht gibt und damit die Basis zu klein ist, so daß doch immer ein großer Prozentsatz Import bleiben wird. Können wir das bei allen Anstrengungen schaffen?

Dr. Kaske:
Grundsätzlich muß man sich, glaube ich, einmal klarmachen, daß es nicht um wenige Typen von Bauelementen geht, sondern um zigtausend verschiedene Arten von Bauelementen. Und wir leben nun mal – unter diesem Zeichen ist die westliche Welt, bis zum heutigen Tage jedenfalls, angetreten – in einer arbeitsteiligen Weltwirtschaft. Wir sollten nicht davon ausgehen, daß jedes Industrieland glaubt, alles und jedes selbst machen zu müssen; das wäre der Tod des Welthandels und würde gegen unsere gesamte Grundphilosophie gehen. Was ich aber für unerläßlich

halte, ist, daß jedes Industrieland in der Lage ist, ggf. kurzfristig die Schlüsseltechniken im eigenen Lande zu beherrschen. Aber dazu genügt, daß man von einer Typengruppe oder von einer Technik eine Linie in greifbarer Nähe hat; dann ist es nur eine Frage von Monaten, ob ich Teile, die ich bisher bezogen habe, selber machen kann. Weltweit hat sich, meine Damen und Herren, aus den gleichen Gründen in Europa, in Japan und Amerika das sogenannte „second source“ und „third source“ herausgebildet. Kein Hersteller von Systemen der Datenverarbeitung oder Telekommunikation, kein Gerätehersteller darf zulassen, daß er in Gefahr kommt, am nächsten Tag seine Produktion stillegen zu müssen, wenn ein einzelner Mikroelektronikhersteller einmal abbrennt.
Für alle wichtigen Bauelemente in der Welt gibt es zwei, drei, vier oder fünf Quellen, auf die man zurückgreifen kann, und jeder Einkäufer eines Geräteherstellers wird niemals mehr als 60 bis 70% eines Bauelementebedarfes beim selben Hersteller decken, sondern er wird streuen. Aus all diesen Gründen bin ich der Meinung, daß die Abhängigkeit sinnvoll begrenzt werden muß.
Hier darf ich zum ersten Diskussionsbeitrag zurückkommen und mich mal an die deutsche bundesrepublikanische Werkzeugmaschinenindustrie wenden. Der Wandel zur Elektronik hat stattgefunden und ist weiter rasant. Wir machen heute rund 60% unseres Geräte- und Systemgeschäfts mit Elektronik. Das ist immerhin ein Volumen in der Größenordnung von 25 Milliarden Mark. Wir können aber in Deutschland keine Werkzeugmaschine für die Mikroelektronik kaufen. Alles muß aus Amerika, oder jetzt neuerdings aus Japan, eingeführt werden. Und um es mal drastisch zu sagen: wir sind hier in der Bundesrepublik weitgehend bei der Metallbearbeitung stehen geblieben, mit allen Numeriken selbstverständlich; aber die Basiswerkzeugmaschinen, die wir für die Herstellung und Weiterverarbeitung von Mikroelektronik in der Bundesrepublik brauchen, dafür haben wir keine eigene Versorgungsbasis. Das halte ich für gefährlicher, als wenn wir mal diesen oder jenen Chip im Moment gerade nicht herstellen können. Dies wollte ich doch einmal so deutlich in diesem Kreise aussprechen.

Dr. Dahlberg:
Sie sagten, der Markt in Deutschland war nicht groß genug wie z. B. in den USA. Warum hat es denn Japan geschafft? Japan hatte ja auch zunächst einen relativ kleinen nationalen Markt. Dann aber haben die Japaner Ende der sechziger Jahre ihre Halbleiterkapazitäten – im Rahmen eines strategischen Konzeptes – ausgerichtet auf den US-Markt aufgebaut. Diese Chance hätten wir doch auch gehabt. Wenn wir dies

getan hätten, wenn wir ein strategisches Konzept für Halbleiter und Geräte in Deutschland entwickelt hätten (dazu hätte natürlich gehört, daß die einschlägige Großindustrie bis in ihre Spitzen „Halbleiterminded“ und kooperativ gewesen wäre, was sie im Gegensatz zu Japan nicht war), dann hätten wir durchaus die Chance gehabt, den gleichen Weg zu gehen. Dann würden heute bei uns die besten Halbleitermaschinen gebaut werden, und wir müßten nicht zu Kulicke & Soffa und David Mann laufen und zu den anderen amerikanischen Firmen. Wir haben schlicht – das muß man leider sagen – wir haben schlicht die Möglichkeiten, die uns der Weltmarkt geboten hat (die Halbleiterindustrie war diejenige Industrie, die als erste den vollen Weltmarkt vor sich hatte) nicht genutzt. Die Gefahr ist jetzt riesengroß, daß sich der Abstand zu den USA und Japan – trotz aller Anstrengungen – eher noch vergrößert.

Dr. Kaske:
Gegen das Letzte wollen wir ja gemeinsam vorgehen – darüber sind wir uns einig, glaube ich – nur, es hat vielleicht wenig Sinn, jetzt über die Vergangenheit zu klagen, man muß auch das Ambiente einmal sehen. In Japan wurden diese Dinge eindeutig von MITI koordiniert und gesteuert, und es hat Ende der sechziger und insbesondere in den siebziger Jahren viele Diskussionen gegeben, ob man in der Bundesrepublik nicht ähnliches wie MITI machen sollte. Nur Sie können sich vorstellen, daß einige Zurückhaltung war in einem Lande, in dem eine sozialliberale Regierung mit Planungs- und Investitionsplanungsabsichten war, hier einen Abklatsch von MITI hinzustellen, das wäre in den siebziger Jahren grausam gewesen. Ein MITI läßt sich nur vernünftig ansetzen, wo die übrige Wirtschaft liberal ist und nicht in einem Ambiente, in dem Investitionsplanung von der Regierung bis in das Letzte hinein konzipiert wurde. Das war vielleicht eines der Hemmnisse, daß man diesen Dingen nicht so offen entgegengegangen ist, wie es vielleicht jetzt im nachhinein unter einer anderen politischen Konstellation sinnvoll gewesen wäre.
Aber vielleicht schaffen wir es im europäischen Maßstab, denn, ich meine, es ist ja kein Geheimnis, daß die großen Firmen in Europa sehr intensiv in Forschung und Entwicklung bereits zusammenarbeiten auf diesem Gebiet. Wir tun es mit Philips, wir tun es mit anderen Firmen. In der Basisforschung hat sich da eine Zusammenarbeit formiert und ich hoffe, daß wir es schaffen, weil – schlicht und einfach – wir es schaffen müssen, und es wäre ja gelacht, wenn wir das nicht hinbrächten trotz aller Unkenrufe der Grünen und anderer, die meinen, wenn man in einem Hochindustrieland wieder barfuß durch eine Wiese mit Gänseblümchen laufen könnte, sei die Glückseligkeit erreicht, aber damit möchte ich

eigentlich mal wieder auf die Ratio zurückkommen, von der Herr Merkle heute morgen so wunderschön gesagt hat: Nichts ist gerechter in dieser Welt verteilt als der Verstand und jeder meint, er hätte genügend davon. Wir sollten vielleicht versuchen, das Maß an Verstand und an Ratio, das wir haben, sinnvoll anzuwenden, und ich glaube, jeder ist aufgerufen, damit der Menschheit klarzumachen, daß wir diese elektronische Evolution oder Revolution bewältigen müssen, wenn wir auch in Zukunft noch zu den führenden Industrienationen gehören wollen, und das ist letztlich die Basis des Wohlstandes der gesamten Bevölkerung, aber das ist eine Überzeugungsaufgabe, die bei der Einstellung und der Verfahrensweise der Medien leider sehr schwer zu vermitteln ist, und ich glaube, wenn wir dieses als Mahnung – vielleicht steht es mir nicht zu zu mahnen – aber als nachdenkenswerte Anregung mitnehmen, dann hat diese Diskussion des heutigen Nachmittags sicherlich ihren Zweck erfüllt.
Herzlichen Dank!

Arbeitskreis II

Arbeitslosigkeit und Schattenwirtschaft

Referent: Otto ESSER, Bundesvereinigung der deutschen Arbeitgeberverbände e.V., Köln

Diskussionsleiter: Dr. Alfred HERRHAUSEN, Deutsche Bank AG, Frankfurt

Diskussionsteilnehmer:

- Kurt W. DÜLL, Hessische Landesbank
- Dr. Gerhard FEMPPEL, Robert Bosch GmbH
- Dr. Bernhard GOPPEL, Zahnradfabrik Friedrichshafen AG
- Clemens Graf KAGENECK, Bad Homburg
- Hans Ludolf KOCH, Bayerische Vereinsbank
- Dr. Peter KOCH, Deutsche Texaco AG
- Dr. Franz KUHLMANN, GAF-HÜLS Chemie GmbH
- Dr. Fritz LAMB, Deutsche Bank AG
- Ulrich MAUSER, Krupp, Ruhrorter Schiffswerft GmbH
- Georg MEHL, Allianz Versicherungs-AG
- Frau Dr. ROSENGARTEN, Mannheim
- Dr. Peter R. SCHMIDT, Edeleanu GmbH
- Frau SCHOMBURG, Aachen
- Tronje SCHRADER, Dresdner Bank AG
- Erhard SCHRAUDOLPH, Knoll AG
- Frau SCHRAUDOLPH, Gönnheim
- Gerhard TAUCHNITZ, Baden-Baden

Dr. Herrhausen:

Meine sehr verehrten Damen und Herren,
ich darf Sie alle recht herzlich begrüßen zu unserem nachmittäglichen Arbeitskreis. Ein besonderer Gruß gilt natürlich den Damen, die heute so zahlreich an unserer Diskussion teilnehmen, vielleicht deswegen, wie Herr Esser mir gerade zugeflüstert hat, weil sie der Hauptarbeitgeber für die Schattenwirtschaft sind. Wir werden sicher Gelegenheit haben, das in der Diskussion noch näher zu eruieren.

Nun, meine Damen und Herren, zum Thema: Ich brauche keine große Einführung in das Thema zu geben, vielleicht einen ganz kleinen, bescheidenen Hinweis auf den geowirtschaftlichen, weltwirtschaftlichen Hintergrund, vor dem wir dieses Thema „Arbeitslosigkeit und Schatten-

wirtschaft“ behandeln. Ich komme gerade von der Internationalen Währungskonferenz in Washington, wo ein beachtlicher Optimismus verbreitet wurde, weil wir in diesem Jahr keine so hautnahen Probleme auf dem Tisch hatten wie im Jahr zuvor und wie im Jahre 1982.
Die Umschuldungsvereinbarungen in Mexiko haben offenbar das allgemeine Gefühl bestärkt, wir würden mit dem internationalen Schuldenproblem fertig, und es war in Washington eigentlich kaum eine Diskussion über Schwachstellen der Weltwirtschaft zu hören, die es ja immer noch gibt. Ich persönlich halte diesen Optimismus für etwas überzeichnet und frage mich, was wir eigentlich tun wollen, wenn unsere konjunkturelle Erholung in der Bundesrepublik, ebenso wie in vielen anderen Ländern, in zwei oder drei Jahren – hoffentlich dauert sie noch solange – zu einem Ende kommen sollte, und dann die Probleme bis dahin nicht gelöst sind. Ich glaube, ihre Relevanz würde nur noch zunehmen.
Es gibt eine Reihe von Schwachstellen in der Weltwirtschaft, und wenn ich frage welche, dann fallen mir vier sehr schnell ein, die Sie auch alle kennen oder mindestens empfinden, das ist einmal das schon erwähnte internationale Schuldenproblem. Die lateinamerikanischen Entwicklungsländer und andere, Schwarzafrika gerät immer mehr in den Blickpunkt, haben eben diese Frage ihrer Schwierigkeiten und dieses Problem bisher nicht gelöst, und auch mit unserer Hilfe ist es nicht möglich gewesen, es zu lösen.
Als zweiter Schwachpunkt sollte, so glaube ich, der überall auf der Welt spürbare, sehr hohe reale Zins erwähnt werden, der ein ganz eklatantes Hindernis für größere Investitionsbereitschaft ist.
Der Protektionismus als dritter Punkt hängt natürlich mit all dem zusammen. Noch vor zehn Jahren, meine Damen und Herren, waren etwa 40 Prozent des Welthandels durch protektionistische Maßnahmen behindert. Wir sind inzwischen bei weit über 50 Prozent angelangt, woraus Sie entnehmen können, wie mehr oder weniger berechtigt es ist, heute noch von einem freien Welthandel zu sprechen.
Und das schlägt sich nieder in den erratischen Entwicklungen der Wechselkurse, die uns die Orientierung erschweren, jedenfalls langfristige Orientierung fast nicht mehr möglich machen.
Vor diesem Hintergrund ist das Thema „Arbeitslosigkeit und Schattenwirtschaft“ ein Thema besonderer Relevanz und besonderer Brisanz, und ich bin froh, in Herrn Esser vielleicht den kundigsten Experten vorstellen zu dürfen, den wir zu diesem Thema verpflichten konnten. Ich glaube, ich brauche Herrn Esser nicht vorzustellen, Chef der BDA und derjenige, der nicht nur von strategischen, sondern auch von operativen Positionen aus sich mit diesem Thema beschäftigen muß und der uns sicherlich in

seinem Vortrag, der jetzt folgt, eine solide Grundlage bieten wird für die dann folgende Diskussion.
Ich darf Herrn Esser bitten, zu uns zu sprechen.

Herr Esser:
Herr Dr. Herrhausen, meine sehr verehrten Damen und Herren, wenn die Teilnahme heute nachmittag nicht so rege wäre, dann könnte ich meinen Vortrag einleiten und abschließen mit der Feststellung, daß die Sonnenwirtschaft die Schattenwirtschaft verdrängt. Aber dem ist nicht so. Meine Damen und Herren, als die heute bestehende Arbeitslosigkeit in der Bundesrepublik die Einmillionengrenze überschritten hatte, wurden Stimmen laut, die vor der Gefahr schwerer sozialer Unruhen warnten. Die Zahl der Arbeitslosen stieg bedauerlicherweise weiter auf über zwei Millionen. Zu sozialen Tumulten ist es nicht gekommen. Ein Grund für ihr Ausbleiben liegt zweifellos darin, daß unser System der sozialen Absicherung ein Abgleiten der arbeitslos gewordenen Menschen in die Armut verhindert.
Wer etwas anderes behauptet und wie die Gewerkschaften und Opposition von überzogenem Sozialabbau und unter den Arbeitslosen grassierender Armut spricht, der sieht entweder an den Tatsachen vorbei oder er fixiert ein Anspruchsniveau, das keine Solidargemeinschaft der Welt erfüllen kann. Ein weiterer Grund kommt hinzu: Ein großer Teil der Arbeitslosen war vor dem Verlust des Arbeitsplatzes nicht für die eigentliche Existenzsicherung der Familie verantwortlich, sondern hat als Zweitverdiener zur Verbesserung des Lebensstandards beigetragen. Mit diesen Bemerkungen will ich weder die materiellen noch die immateriellen Probleme der Arbeitslosigkeit minimieren.
Nicht zu übersehen ist, daß abseits der offiziellen Wirtschaft die Schattenwirtschaft blüht. Das belegt, die Arbeit ist uns nicht ausgegangen, sondern sie ist vielerorts zu teuer geworden, und jeder von uns kennt genügend Beispiele, die belegen, daß auch ein Teil der Arbeitslosen an dieser Schattenwirtschaft partizipiert. Die Schattenwirtschaft als Teil der Wirtschaft, der sich nicht oder nur unvollständig in der offiziellen Sozialproduktrechnung niederschlägt, findet ihres großen und wohl eher wachsenden Volumens wegen immer mehr Beachtung in Politik, Wirtschaft und Wissenschaft. In der Wissenschaft ist sie qualitativ und quantitativ mehr als Schwarzarbeit, denn auch die Tätigkeit der Hausfrau, des Studenten, der in seiner Freizeit Behinderte oder eine Jugendgruppe betreut, stellt volkswirtschaftlich gesehen eine Wertschöpfung dar, die in der offiziellen Statistik nicht erfaßt wird und somit gemäß den gängigen wissenschaftlichen Definitionen in die Rubrik Schattenwirt-

schaft fällt. Auch der Heimwerker arbeitet danach in der Schattenwirtschaft; doch würde niemand auf die Idee kommen, in seiner und in vergleichbaren Tätigkeiten etwas für das Gemeinwohl Schädliches zu sehen oder etwas, das es zu verhindern gilt. Im Gegenteil! Die volkswirtschaftlichen Probleme entstehen vielmehr durch den Schwarzarbeiter, der gegen die Solidarität der Steuerzahler- und Sozialversichertengemeinschaft verstößt, indem er in seiner Freizeit arbeitet und Geld verdient, seiner Pflicht zur Abführung von Steuern und Sozialabgaben aber nicht nachkommt. Oder derjenige Arbeitnehmer, der im Rahmen eines offiziellen Auftrags in die eigene Tasche wirtschaftet, indem er während der Arbeitszeit zusätzliche Leistung – auf Kosten seines Arbeitgebers und der Steuerzahler erbringt. Schließlich – auch dieser Fall gehört selbstverständlich dazu – der Selbständige, der Leistungen ohne Rechnung ausführt, um der Gewinn- und Umsatzbesteuerung zu entgehen.
Über das Ausmaß der durch Schwarzarbeit verursachten volkswirtschaftlichen Schäden gibt es nur grobe und sehr unsichere Schätzungen. Die Experten gehen für die Bundesrepublik von einem Anteil der Schwarzarbeit am Bruttosozialprodukt zwischen 5 und 10 v. H. aus. Eine Untersuchung der OECD, die sich auf 17 Staaten bezog, weist der Bundesrepublik einen Mittelrang zu bei einer Schätzung von 8,3 v. H. des Bruttosozialprodukts. Unabhängig von der exakten Größenordnung ist jedoch unstrittig, daß sie ein Ausmaß erreicht hat, das einen bedeutenden Faktor der gesamtwirtschaftlichen Aktivitäten ausmacht. Ebenso scheint festzustehen, daß die Schattenwirtschaft vor allem in den siebziger Jahren schneller als die offizielle Wirtschaft expandierte. Selbst wenn man nur an die untere Grenze des Schätzbereiches geht und die Aktivitäten in der Schattenwirtschaft mit 5 v. H. des Bruttosozialproduktes ansetzt, so kommt man für 1983 auf ein Volumen von über 80 Milliarden DM. Bei einer gesamtwirtschaftlichen Wertschöpfung pro Kopf von 61 000 DM entspricht dies einem Volumen von etwa 1,3 Millionen Arbeitsplätzen. Gelänge es, auch nur einen Teil der in der Schattenwirtschaft erbrachten Leistungen in den Bereich der offiziellen Wirtschaft zurückzuverlagern, so könnte damit erheblich zum Abbau der Arbeitslosigkeit beigetragen werden.
Die Ursachen, die zur raschen Expansion der Schattenwirtschaft beigetragen haben, sind vielfältig. Dabei spielen sicherlich auch Motive eine Rolle, die außerhalb des Materiellen liegen und die alternativen Arbeitsformen und Schattenwirtschaft vorantreiben. Hier haben wir es wohl im mehrfachen, nämlich auch im übertragenen Sinne mit „biologischem Anbau“ zu tun, der allerdings nicht nur stellenweise gewinnbringend ist. Es kommt dem Zeitgeist entgegen, solche Formen der sogenannten

Selbstverwirklichung zu suchen, wobei ich mich der Versuchung entziehe, dieses Lebensziel genauer zu betrachten und zu bewerten.

Für die Zunahme der eigentlichen Schwarzarbeit ist jedoch anderes entscheidend. Da ist zunächst die zunehmende Steuer- und Abgabenleistung, die die Differenz zwischen Brutto- und Nettoeinkommen immer weiter vergrößert und so Anreize geschaffen hat, in die Schattenwirtschaft auszuweichen. Wenn dem Arbeitnehmer aufgrund des harten Zugriffs der Steuerprogression und der Sozialabgaben von jeder zusätzlich verdienten Mark nicht einmal die Hälfte verbleibt, und wenn der Selbständige zusätzlich zu den Gewinn- und Substanzsteuern noch 14 Prozent Mehrwertsteuer zu zahlen hat, dann erhöht sich natürlich die Bereitschaft, Abgaben zu hinterziehen, und dementsprechend groß ist der Anreiz zum Ausweichen in die Schattenwirtschaft.

Ein zentraler Grund für die Zunahme der Schwarzarbeit muß sicher auch im Anstieg der Arbeitskosten und der Rigiditäten auf dem Arbeitsmarkt gesehen werden. Vor allem die rasche Zunahme der Personalzusatzkosten, die sich in der Industrie seit 1966 nahezu versechsfacht haben, dürfte maßgeblich zum Wachstum der inoffiziellen Wirtschaft beigetragen haben. Die Entwicklung der Abgabenbelastung und der Arbeitskosten hat dazu geführt, daß es sowohl für den Schwarzarbeiter als auch für den Auftraggeber immer lohnender wurde, am Fiskus vorbei zu produzieren. Wenn der Handwerksbetrieb, um kostendeckend zu arbeiten, dem Kunden pro Arbeitsstunde rund 50 DM berechnen muß, der Handwerkergeselle aber rund 10 DM netto erhält, dann ist natürlich für den Kunden und den Arbeitnehmer die Versuchung groß, den Auftrag über einen Stundenlohn von 15 DM „brutto für netto" abzuwickeln.

Immer deutlicher – und das will ich besonders hervorheben – beeinflussen die vermehrte Freizeit der Arbeitnehmer, der seit langem schon frühe und immer weiter vorverlegte Übertritt in den Ruhestand die Dimension der Schattenwirtschaft. Die Verkürzung der Wochen-, der Jahres- und der Lebensarbeitszeit in der offiziellen Wirtschaft hat nicht nur die Voraussetzungen für das rapide Wachstum der Hobby- und Heimwerkermärkte geschaffen. Sie hat auch den Spielraum für zusätzliche schattenwirtschaftliche Aktivitäten erhöht, mit denen sich der Arbeitnehmer, aber auch der Selbständige, in der Freizeit ein abgabenfreies Zubrot verdienen kann.

Während die Gewerkschaften stets behauptet haben, Arbeitszeitverkürzungen gleich welcher Form könnten die Probleme auf dem Arbeitsmarkt lösen, haben die Arbeitgeber von Anfang an auf die beschäftigungspolitischen Gefahren globaler Arbeitszeitverkürzungen aufmerksam gemacht. Und in diesem Zusammenhang muß man z.B. neben den immensen

Kostensteigerungen, die globale Arbeitszeitverkürzungen auslösen, immer auch die Auswirkungen der zunehmenden Freizeit auf die Schattenwirtschaft sehen. Wenn man – wie die Gewerkschaften – den Arbeitnehmern durch die Verkürzung der Arbeitszeit und eine Begrenzung der Überstunden durch Tarifvertrag verbieten will, mehr zu arbeiten, dann stärkt das die Schattenwirtschaft, ob man das nun will oder nicht.

Meine Damen und Herren, lassen Sie mich einige Worte zu den Tarifauseinandersetzungen in diesem Jahr sagen. Der Arbeitszeitstreit hatte von vornherein nicht nur einen gesamtwirtschaftlichen, sondern zunächst und vor allem politischen Charakter. Lange vor Aufnahme der Verhandlungen wurde deutlich, daß Gewerkschaften und Opposition eine gemeinsame Attacke gegen die Regierung und gegen die sie tragende Koalition reiten wollten. Um so höher ist meines Erachtens die Tatsache einzuschätzen, daß es den Tarifvertragsparteien schließlich doch mit den Mitteln der klassischen Tarif- und Schlichtungspolitik gelungen ist, diesen tiefgreifenden und eben im Grunde politischen Konflikt eigenverantwortlich beizulegen.

Ich halte diese Tatsache für eines der bedeutsamsten Ergebnisse dieser Auseinandersetzungen. Tarifverträge müssen auch in der Zukunft Instrumente zur Regelung der Arbeits- und Wirtschaftsbedingungen bleiben, sie dürfen nicht zu Instrumenten gesellschaftspolitischer Veränderungen denaturiert werden. Nur dann kann die Tarifpolitik ihre wirtschaftliche, ihre politische und ihre sozialbefriedende Funktion behalten. Dies ist letztlich in der hinter uns liegenden Auseinandersetzung (ich versehe die Formulierung „hinter uns liegend" gleich mit einem Fragezeichen) um die Arbeitszeit bewiesen worden.

Was das Ergebnis der Tarifabschlüsse betrifft, so wissen Sie, daß in der Metall- und Druckindustrie nach langen Arbeitskämpfen unter anderem eine Flexibilisierung der Arbeitszeit bei gleichzeitiger Verkürzung der durchschnittlichen Wochenarbeitszeit auf 38,5 Stunden vereinbart worden ist. Ohne daß ich dies auch nur im Entferntesten als eine Kritik an der Standfestigkeit der den Arbeitskampf tragenden Unternehmen oder an der Tätigkeit der Schlichter verstanden wissen will, muß ich dennoch sagen: Die Gefahr, daß die Tarifpolitik dieses Jahres dem Ziel einer Förderung der Beschäftigung nicht entsprochen hat, ist nicht gering einzuschätzen. Ein positiver arbeitsmarktpolitischer Effekt kann nur erreicht und ein negativer nur vermieden werden, wenn die Möglichkeiten, die die Tarifverträge bieten, genutzt werden, um über die flexiblen Gestaltungsmöglichkeiten der Arbeitszeit beschäftigungspolitische Erfolge zu erreichen. Die Verantwortung der tariflichen und der betrieb-

lichen Partner als Arbeitsmarktparteien ist hier nun wirklich gefordert, ebenso die Vertragstreue der Gewerkschaften.
Ich sehe dann eine Chance, im Rahmen des „ersten“ Wirtschaftskreislaufes zu Formen der Arbeit zu kommen, die mit ihrer Flexibilität auch den Arbeitenden selbst und ihren Wünschen entgegenkommen. Die Gewichte in der Tarifpolitik würden sich künftig etwas mehr auf die betriebliche Ebene verlagern unter Beibehaltung der Rahmenkompetenz der Tarifparteien, die unentbehrlich ist.
Gestatten Sie mir eine weitere Anmerkung: Tarifpolitik ohne Gleichgewicht der Kräfte und ohne Chancengleichheit im Arbeitskampf hat keine Zukunft. Vor diesem Hintergrund müssen die im Hinblick auf die Streiktaktik der Gewerkschaften getroffenen Entscheidungen einiger Sozialgerichte und des Bundesarbeitsgerichts mit großer Sorge gesehen werden. Die Entscheidungen der Sozialgerichte zum sogenannten „Franke-Erlaß“ machen deutlich, daß die Neutralitätspflicht der Bundesanstalt für Arbeit einer Präzisierung bedarf. Die Kasse der Bundesanstalt, die aus Beiträgen der Allgemeinheit finanziert wird, darf nicht zur Reservestreikkasse der Gewerkschaften gemacht werden. Sollte es die Rechtsprechung zulassen, daß eine Gewerkschaft durch einen für sie billigen Streik auf Kosten der Allgemeinheit ganze Wirtschaftszweige lahmlegen kann, dann wäre dies das Ende einer eigenverantwortlichen Tarifpolitik und damit einer funktionierenden Tarifautonomie.
Ebenso schwer wiegt die Tatsache, daß das Bundesarbeitsgericht die neue Streiktaktik der Gewerkschaften durch das am 12. September verkündete Urteil über die Zulässigkeit von Warnstreiks legalisiert hat. Dieses Urteil hat zu einer erheblichen Beeinträchtigung der Arbeitskampfparitäten geführt. Das Gleichgewicht der Kräfte ist durch das Urteil des Bundesarbeitsgerichtes entscheidend zugunsten der Gewerkschaften verschoben worden. Der soziale Friede, meine Damen und Herren, ist unsicherer geworden.
Die Arbeitgeberseite wird sich nun, um dieser Verschiebung entgegenzuwirken, ebenfalls über neue Formen des Arbeitskampfes Gedanken machen müssen. Ich denke dabei vor allem an eine Änderung der Aussperrungspraxis. Besser wäre es natürlich, die Tarifparteien würden zu einer Einigung über Formen und Ausmaß künftig zulässiger Arbeitskampfmaßnahmen kommen. Sonst wäre letztlich der Gesetzgeber gefordert, das Arbeitskampfrecht neu zu regeln. Die Einschränkung der Tarifautonomie kann weder im Interesse der Gewerkschaften noch im Interesse der Arbeitgeberverbände liegen. Andererseits: Kein Staat, der auf sich hält, kann zulassen, daß eine von zwei einflußreichen sozialen Gruppen auf Dauer stärker wäre. Das berührt ihn im Kern seiner

Existenz. Gleichwohl sollten wir uns keinen Illusionen über die Schwierigkeiten hingeben, die sozial- und allgemeinpolitisch bewältigt werden müssen.
Aber lassen Sie mich zu dem entscheidenden Zusammenhang zwischen der Arbeitszeitpolitik und der Entwicklung der Schattenwirtschaft zurückkommen. Es ist Ihnen bekannt, daß die Arbeitgeberverbände das von Bundesarbeitsminister Blüm eingebrachte Vorruhestandsgesetz unterstützt haben und unterstützen. Die Zustimmung ist uns – gerade im Hinblick auf mögliche Auswirkungen der Lebensarbeitszeitverkürzung auf die Schattenwirtschaft – nicht leicht gefallen. Wir waren uns und sind uns bewußt, daß die Vorruhestandsregelung zu einer weiteren Zunahme dieser Wirtschaft führen würde, denn viele Rentner sind, auch wenn sie freiwillig aus dem Arbeitsprozeß ausgeschieden sind, nicht genügend auf ein Leben ohne Arbeit vorbereitet. Man muß deshalb, aber auch aus anderen Gründen annehmen, daß nicht wenige, entweder sofort oder nach einer gewissen Zeit, bereit sind, eine ihnen angebotene Tätigkeit in der Schattenwirtschaft anzunehmen, um durch steuerfreies Zubrot ihre Altersversorgung aufzubessern. Dieser Schluß ist unter anderem deshalb gerechtfertigt, weil sich viele Betriebe aufgrund der hohen Arbeitskosten nicht in der Lage sehen, kleinere Aufträge, wie z. B. das Streichen eines Garagentors oder das Auswechseln einer Dichtung im Wasserhahn und vieles, vieles andere mehr, anzunehmen.
Wir haben das Vorruhestandsgesetz dennoch unterstützt, weil es unserer Ansicht nach dazu beitragen kann, die demographische Welle auf dem Arbeitsmarkt abzubauen, die durch die starke Zunahme der in das Erwerbsleben hineinwachsenden Jugendlichen entstanden ist. Arbeitslosigkeit am Anfang des Berufslebens wiegt besonders schwer, und es besteht die Gefahr, daß die Erfahrung der Arbeitslosigkeit die betroffenen Jugendlichen und ihre Einstellung zu Staat und Gesellschaft für ein ganzes Leben prägt.
Wir hielten es deshalb trotz ordnungspolitischer Bedenken unter den gegebenen Bedingungen für sinnvoll, einen Interessenausgleich zwischen den arbeitslosen Jugendlichen und denen zu ermöglichen, die die Hauptlast des Wiederaufbaus unserer Volkswirtschaft nach dem zweiten Weltkrieg mitgetragen haben. Dabei haben wir stets am Prinzip der Freiwilligkeit auf der Arbeitnehmer- und auf der Arbeitgeberseite festgehalten. Denn niemand sollte gegen seinen Willen aus dem Arbeitsleben herausgedrängt werden. Außerdem stellte die Reversibilität dieser Maßnahme eine unverzichtbare Bedingung für unsere Zustimmung dar, und zwar nicht nur wegen der Gefahr einer sonst noch weiter zunehmenden Schattenwirtschaft, sondern vor allem im Hinblick auf die langfristige

demographische Entwicklung in der Bundesrepublik wie in vielen anderen vergleichbaren Industriestaaten. Nach 1987 wird es nämlich zu einer erst allmählichen und, wie wir wissen, in den neunziger Jahren zu einer erheblichen Verminderung der deutschen Erwerbspersonen kommen. Angesichts einer zunehmenden Alterslastquote ist daher in der Bundesrepublik wie eben auch in anderen Industriestaaten langfristig eine Verlängerung und nicht eine Verkürzung der Lebensarbeitszeit geboten, wenn der Lebensstandard gehalten und die Leistungsfähigkeit der sozialen Sicherungssysteme erhalten bleiben soll.

Meine Damen und Herren, wenn ich die Notwendigkeit hervorhebe, das Ausmaß der Schattenwirtschaft zu begrenzen, und die im illegalen Teil der Wirtschaft angesiedelten Tätigkeiten soweit als möglich wieder in den legalen Bereich zu integrieren, so ist das sicherlich jedermann einsichtig. Aber, das ist natürlich viel leichter gesagt als getan. Was kann unternommen werden, um den trendmäßigen Anstieg der Schattenwirtschaft mit all seinen negativen Konsequenzen für die Wirtschaft und die Solidargemeinschaft der Steuerzahler und Sozialversicherten einzudämmen und wenn möglich umzukehren?

Überhaupt nichts halte ich von den Bestrebungen, die in der Schattenwirtschaft tätigen zu kriminalisieren und ein dichtes Netz staatlicher Kontrollen aufzubauen. Eine solche Vorgehensweise würde nur zu einer weiteren Reglementierung und Bürokratisierung führen, ohne das Problem aus der Welt zu schaffen. In Köln wurden z. B. im Handwerksbereich „Kopfgelder" für das Aufspüren von Schwarzarbeitern ausgesetzt. Aber man hat die Schwarzarbeit damit selbstverständlich nicht in den Griff bekommen. Und im Ostblock, wo die Schattenwirtschaft wohl noch stärker blüht als hierzulande, haben es selbst drakonische Strafen nicht vermocht, die Aktivitäten auf den „grauen" Märkten einzudämmen. Es hat sich gezeigt, daß sich die Schattenwirtschaft zwar offiziell verbieten läßt, daß sie dann aber im Untergrund um so besser funktioniert.

Deshalb sollte das Wachsen der Schattenwirtschaft auch bei uns als Signal verstanden werden, daß der Marktwirtschaft wieder mehr Geltung verschafft werden muß. Wer, und ich spreche nicht von der derzeitigen Regierung und den sie tragenden Parteien, die Funktionsfähigkeit des marktwirtschaftlichen Systems durch ständige Reglementierungen und Verschlechterung der wirtschaftlichen Rahmenbedingungen immer mehr belastet, der braucht sich nicht zu wundern, wenn die Betroffenen auf „graue" oder „schwarze" Märkte ausweichen, wo die Funktionsbedingungen für den Ablauf marktwirtschaftlicher Anpassungsprozesse noch gewährleistet sind. Die einzig gangbare Alternative heißt deshalb, um den Titel einer Dokumentation der im Kronberger Kreis zusammengeschlossenen Wissenschaftler zu zitieren: „Mehr Mut zum Markt". Diese Losung muß für alle Bereiche der Wirtschafts- und Sozialpolitik gelten. Für die Finanzpolitik und die soziale Sicherungspolitik heißt das, daß der Kurs der Konsolidierung der Staats- und Sozialfinanzen weiter fortgesetzt werden muß. Nur so können schließlich die leistungshemmenden und die Schwarzarbeit begünstigenden Grenzabgabesätze auf Dauer gesenkt werden. Vor diesem Hintergrund ist es allerdings unverständlich, wenn im Bereich der sozialen Sicherung durch Gewährung des Erziehungsgeldes an alle Mütter und die Einführung eines sogenannten „Babyjahres" in der Rentenversicherung bereits wieder neue, „ungedeckte Schecks" auf die Zukunft ausgestellt werden sollen.

Die Tarifvertragsparteien sind gefordert, einerseits den Anstieg der Arbeitskosten in Grenzen zu halten und zum anderen den wachsenden Bedürfnissen der Arbeitnehmer und der Betriebe nach einer stärkeren Flexibilisierung und Differenzierung Rechnung zu tragen. Beides läßt sich erreichen, wenn das Beschäftigungsziel in Zukunft eindeutig in den Mittelpunkt der Tarifpolitik gestellt wird und Umverteilungsgedanken in den Hintergrund treten. Eine am Beschäftigungsziel orientierte moderate Lohnpolitik – siehe Vereinigte Staaten von Nordamerika – ermöglicht nicht nur die notwendige Lohndifferenzierung im Effektivbereich. Sie leistet über die Begrenzung des Anstiegs der Arbeitskosten auch einen Beitrag zur Eindämmung der Schattenwirtschaft, sie dient der weiterhin dringend erforderlichen Verbesserung der Erlös-Kosten-Relation der Unternehmen und schafft so die Voraussetzung für mehr Investitionen und mehr rentable Arbeitsplätze.

Die tarifliche Flexibilisierung und Differenzierung muß jedoch selbstverständlich auch auf die Arbeitszeitpolitik ausgedehnt werden, damit eine stärkere Entkopplung von Arbeitszeit und Betriebszeit und dadurch verbesserte Kapazitätsauslastung erreicht wird, was bei einem immer teurer werdenden Kapitalstock meiner Ansicht nach unabweisbar ist. Die Tarifparteien verschiedener Wirtschaftszweige haben die Tür zu einem Mehr an tariflicher Flexibilisierung aufgestoßen. Es gilt jetzt, das in den Tarifverträgen angelegte Flexibilisierungspotential auf betrieblicher Ebene zu nutzen. Ich betrachte das Bestreben einiger Gewerkschaftsfunktionäre – vielleicht auch einer Gewerkschaft in ihrer Gesamtheit, soweit es sich um das Funktionärskorps handelt – sich vertragswidrig zu verhalten, indem sie Betriebsräte auffordern, die im Tarifvertrag vorgesehene Flexibilisierung zu verhindern und eine globale Arbeitszeitverkürzung für alle Arbeitnehmer einzuführen, mit großer Sorge. Die von gewerkschaftlicher Seite angestrebte Arbeitszeitverkürzung würde m. E. weitere Arbeitsplätze gefährden und könnte dazu führen, daß diejenigen

Arbeitnehmer, die länger arbeiten möchten und dies im Rahmen ihres offiziellen Arbeitsverhältnisses nicht dürfen, in die Schattenwirtschaft abwandern.
Es muß deshalb alles getan werden, damit es den Betriebsleitungen und den Betriebsräten in konstruktiver Zusammenarbeit gelingt, individuelle Lösungen zu vereinbaren, die auf die Interessen der Betriebe und der Beschäftigten Rücksicht nehmen. In diesen Zusammenhang kann auch der Entwurf zu einem Beschäftigungsförderungsgesetz eingeordnet werden. Wenn dieser Entwurf in seiner jetzigen Form im wesentlichen die parlamentarischen Hürden passiert, kann angenommen werden, daß auch von dieser Seite her ein Beitrag im Sinne des Themas, das wir erörtern, geleistet werden kann.
Meine Damen und Herren, Schwarzarbeit ist natürlich nicht nur ein wirtschaftliches Problem. Es tun sich zusätzliche Fragen auf, die ich nur andeuten will:

1. Ist Schwarzarbeit nicht auch Ausdruck einer praktischen Distanzierung vom Gemeinwesen ohne deutliches Unrechtsbewußtsein?
2. Ist Überforderung durch den Staat nicht auch unter moralischen Kategorien zu sehen, die Fehlhandlungen nicht entschuldigen, aber erklärlich machen können?
3. Ist der Staatsanteil von einem bestimmten Ausmaß an unter Aufrechterhaltung formeller persönlicher Freiheit nicht doch so freiheitseinschränkend, daß der Bürger glaubt, berechtigt zu sein, sich dem Anspruch zu verweigern?

Wir haben es gewiß mit politischen und Gesinnungsfragen dieser Art zu tun, für die praktizierbare Antworten gefunden werden müssen, die auf Werteorientierung nicht verzichten und gleichzeitig die Menschennatur ausreichend berücksichtigen.
Es mag etwas weit hergeholt erscheinen, wenn ich den personalen Wettbewerb in die Überlegungen mit einbeziehe. Aber: Anerkannte Eliten entstehen durch Leistung im offiziellen Beschäftigungssystem – im übrigen auf allen Stufen des Tätigseins – und indem ich mich weiter auf Friedrich Sieburg stütze, die Vollständigkeit des sinngemäßen Zitats wahrend: „Prominenz entsteht durch Beifall“.
Erlauben Sie mir, meine Damen und Herren, eine abschließende Bemerkung: Alle vorliegenden Untersuchungen zeigen, daß die Schattenwirtschaft nicht nur national, sondern auch international von erheblicher arbeitsmarktpolitischer Bedeutung ist. Ohne dies im Einzelfall exakt belegen zu können, besteht ein auffälliger Zusammenhang zwischen einigen Rahmenbedingungen und dem Niveau und der Größenordnung der jeweiligen Schattenwirtschaft.

Je höher die Steuer- und Abgabenlast, je ausgeprägter die bürokratische Reglementierung, je kürzer die Arbeitszeit, um so fruchtbarer ist der Nährboden für die Schattenwirtschaft. Es ist daher kein Zufall, daß sich die Schwarzarbeit in Ländern wie Schweden und Italien – ganz zu schweigen von Ostblockstaaten – am üppigsten entfaltet. Wenn wir in der Bundesrepublik eine ähnliche Entwicklung verhindern und das heutige Niveau wieder eindämmen wollen, so kommt es darauf an, neben einer Begrenzung der Abgabenlast vor allem auch den Trend weiterer pauschaler Arbeitszeitverkürzungen aufzuhalten. Eine Politik, die mehr Mut zum Markt und mehr Mut zum Leistungsprinzip zeigt, ist nicht nur zur Verbesserung der Wachstums- und Beschäftigungsbedingungen notwendig, sondern stellt auch die einzige Möglichkeit dar, um der Schattenwirtschaft effizient entgegenzutreten. Anfänge dazu zeichnen sich ab. Vielen Dank.

Dr. Herrhausen:

Meine Damen und Herren, bevor ich den Ring freigebe zur Diskussion, möchte ich zunächst Herrn Esser recht herzlich danken für seinen Vortrag.

Sie haben sicher gespürt, welche Expertise, welches fachliche Potential in Herrn Esser manifest ist, wenn ich das so sagen darf. Wir haben hier jemanden vor uns, der zur Leistungselite gehört und gleichwohl prominent ist. Herr Esser hat, wie ich meine, in streng Kantischer Manier nach der philosophischen Methode des „Was kann ich wissen, was soll ich wollen und was muß ich tun?" ein Thema vor uns ausgebreitet, das sicherlich nicht nur alle interessiert, nicht nur jetzt, sondern auch in Zukunft interessieren wird und das einer Lösung harrt, die wir unbedingt brauchen, wenn wir die Stabilität unseres Gemeinwesens der res publica in der Bundesrepublik und anderwärts auch für die Zukunft erhalten wollen.

Prima vista könnte man vielleicht den Eindruck gewonnen haben, es sei schon alles gesagt. Ich bin sicher, daß es nicht so ist. Es sind sicherlich noch viele Fragen offengeblieben, und ich wäre Ihnen dankbar, wenn Sie mit Ihren Fragen die Diskussion einleiten könnten.

Herr Hans Ludolf Koch:

Darf ich zwei Bemerkungen vorweg machen? Einmal, Herr Esser hatte zum Schluß Schweden und Italien erwähnt.

Schweden: Wir hatten selber ein Fortsetzungsgespräch in Stockholm, intensive Diskussionen mit schwedischen Unternehmern und auch mit

Herren der deutschen Handelskammer. Teilweise ist die schwedische Wirtschaft wegen des konfiskatorischen Steuersystems fast eine Tauschwirtschaft geworden, d. h. das, was Sie vorhin sagten, führt eben zu solchen Folgen.
Zweite Bemerkung: So viel ich weiß, kommen ungefähr 30 Prozent des italienischen Sozialproduktes in Norditalien aus Unternehmen mit 50 oder unter 50 Beschäftigten, die also nicht mitbestimmt sind oder keine großen gewerkschaftlichen Probleme haben, wo die italienischen Unternehmer unheimlich intensiv und ohne große Hindernisse arbeiten können, und damit zur Wohlfahrt dieses Landes sehr entscheidend beitragen. – Das waren die beiden Bemerkungen, jetzt kommen die beiden Fragen:

1. Als normaler Familienvater oder Rechnungszahler – wenn die Spülmaschine oder die Waschmaschine kaputt ist und man wohnt in Königstein und aus Frankfurt kommt der Reparaturservice, weit mehr als die Hälfte der Rechnung besteht aus Anfahrtskosten, und man weiß genau, der Mann fährt eben in der dortigen Gegend zu so und so viel Stellen, d. h. man muß einfach überlegen, ist das nötig oder kann man das anders organisieren, weil es einfach ärgerniserregend ist, daß eine Schraube auswechseln 70 oder 80 oder 100 Mark kostet?
2. Was aus der Schattenwirtschaft herauskommt, nämlich an Einkommen, geht ja wieder in den Konsum rein, d. h. es fördert auch wieder unsere Volkswirtschaft. Und das ist ja auch wieder ein Vorteil.

Herr Esser:
Ja, Herr Koch, ich kann nichts anderes tun, als Ihren Ausführungen zuzustimmen, sowohl den Bemerkungen als auch den Fragen. Es ist so, wie Sie es beschreiben. Ich meine, und ich benutze das Wort „moralisch" ein bißchen zögernd, der Staat muß sich dazu durchringen, und das kann nicht von heute auf morgen geschehen. Wir müssen, glaube ich, angemessene Zeitvorstellungen entwickeln, ich sage das auch mit Blickrichtung auf die Art der Diskussionsbeteiligung aus der Wirtschaft an der Beurteilung der derzeitigen Politik. Wir brauchen dafür Zeit, aber es müssen deutliche Hinweise dafür gezeigt werden, daß der Staat sich selbst in eine moralische Lage begibt, die Schwarzarbeit mit anderen Mitteln als mit denen, die ich beschrieben habe, bekämpfen kann. Wenn es gelingt, dann wäre allerdings vorher eine Minimierung der Schwarzarbeit zu verzeichnen. Und hier würde ich gerne darauf hinweisen, daß wir es natürlich mit komplexen Sachverhalten materieller und nichtmaterieller Art zu tun haben.

Dr. Lamb:

Herr Esser, Sie haben Ansatzpunkte aufgezeigt, die Schattenwirtschaft zu bekämpfen, aber auf die Frage, wie wir dieser Schattenwirtschaft schnell beikommen können, sind Sie, glaube ich, nicht wesentlich eingegangen. Sie sagen, wir fordern vom Staat dies und das, daß er z. B. die Steuerlastquote senkt etc. Aber darf ich einmal die Frage stellen: Was tun die Arbeitgeber dafür, die Schattenwirtschaftsquote möglichst geringzuhalten? Und hier, so darf ich feststellen, bedauern Sie, daß es zu Tarifvereinbarungen gekommen ist, die die Vorruhestandsregelung beinhalten. Ich kann mich aber erinnern, daß Unternehmen gerade die sogenannte 59er-Regelung, bevor es eine Vorruhestandsregelung tariflicher Art gab, schon sehr stark als Instrument gebraucht haben und damit genau das getan haben, was Sie vorhin ablehnten, nämlich die Schattenwirtschaft unterstützten.

Herr Esser:

Das ist zutreffend. Die 59er-Regelung, wie das im Jargon genannt wird, war eine Regelung, die von einer Reihe von einzelnen Unternehmen zu Lasten der Gesamtheit der Unternehmen in Anspruch genommen worden ist. Ich habe diese Handhabung immer für bedenklich angesehen, wenn ich auch nicht jedes Verständnis dem versagen konnte, eben aus der Problematik des einzelnen Unternehmens heraus. Aber ich dachte, Herr Dr. Lamb, vielleicht ist das nicht genügend deutlich geworden, darauf hingewiesen zu haben, daß die Tarifparteien sich als Beschäftigungsparteien verstehen müssen, und das bedeutet im Grunde genommen nichts anderes, als daß man die Arbeitskosten in Schach und Proportionen hält, daß man vor Übersteigerungen auf diesem Gebiete immer wieder erneut warnt, und daß diese Warnungen beachtet werden. Meine Damen und Herren, ein Patentrezept in diesem Sinne, daß man sagt, wir können nach einem bestimmten Druckknopfsystem arbeiten, dieses Patentrezept gibt es, wenn auch auf vielen anderen Gebieten so auf diesem, nicht. Es handelt sich darum, daß wir durch eine Vielzahl indirekter Maßnahmen auf den Arbeitsmarkt und dadurch auch auf die Schattenwirtschaft Einfluß nehmen müssen. Das ist ein sehr mühsames Spiel, das da gespielt werden muß.

Herr Mauser:

Herr Esser, ich möchte eigentlich eine Anschlußfrage an die Frage von Herrn Dr. Lamb stellen. Auch ich fand das eigentlich nicht ganz befriedigend, die Ansätze, die Sie brachten zur Reduzierung der Arbeitslosigkeit. Sie nannten vor allen Dingen, man muß die Steuerlastquote senken. Das läßt sich im politischen Raum vielleicht noch am ehesten bei der entsprechenden Regierung durchsetzen, zumindestens in einem geringen Maße, obwohl ich auch daran zweifle. Das andere war, daß Sie sagten, man darf nicht weiter eine pauschale Arbeitszeitverkürzung vornehmen, ganz im Gegenteil, wir müßten eigentlich auch wieder länger arbeiten. Das halte ich politisch – auch unter noch so optimistischen Vorausschätzungen – einfach als nicht machbar. Die Gewerkschaften haben zu lange gestritten, gerade die Arbeitszeit zu verkürzen. Wir haben außerdem festgestellt, daß sich ja doch sehr viel an menschlicher Arbeitskraft inzwischen ersetzen läßt durch Mechanisierung, durch Automatisierung, durch EDV usw., und dabei gesehen, daß wir damit flexibler sind und nicht mehr diese hohen, ständigen Folgekosten haben. Ist es da nicht vielmehr vom Ansatz her angebracht, daß man versucht, neue Arbeitsplätze zu schaffen, indem man eben auch wieder junge Menschen oder überhaupt Menschen motiviert, sich selbständig zu machen, daß sie wieder Eigenverantwortung tragen, daß sie versuchen, aus einem einzigen Arbeitsplatz zwei, drei oder vier zu machen? Ich glaube, gerade in den USA hat es sich doch gezeigt, daß dort eine Vielzahl von Kleinunternehmen erheblich zur Beseitigung der Arbeitslosigkeit beigetragen haben, auch gerade auf dem Dienstleistungssektor. Muß nicht vielmehr da der Ansatzpunkt liegen?

Herr Esser:

Gar kein Zweifel. Wir haben zur Zeit, ich will nicht von einer Welle sprechen, aber wir haben doch zur Zeit festzustellen, daß das Selbständigmachen wieder interessant geworden ist. Es wird ja auch programmatisch und es wird finanzwirtschaftlich unterstützt, sich selbständig zu machen, und im Handwerk sagt man gerne: „Ein Selbständiger ist ein Arbeitsloser weniger". Ich halte das für eine gute Politik.

Was nun die Frage der pauschalen Arbeitszeitverkürzung angeht, wenn wir uns Amerika anschauen, die Vereinigten Staaten, so hat man dort die Lebensarbeitszeit bereits verlängert. Die internationale Arbeitsorganisation in Genf, gewiß kein Arbeitgeber, hat schon vor mehreren Jahren darauf hingewiesen, daß, wenn wir den heutigen Lebensstandard im wesentlichen beibehalten – nicht steigern, sondern beibehalten – wollen, daß dann die Menschen bereit sein müssen, länger zu arbeiten. Ich glaube im übrigen, daß das nicht so aussichtslos ist, wie Sie im Moment vermuten, weil sich bei einem Umbruch der demographischen Situation ganz andere Zwänge ergeben, ganz andere Möglichkeiten, und wir sollten offensiv an diese Fragen herangehen. Ob es gelingt, die Wochenarbeitszeit wieder zu verändern, das ist bei dem sozialen Besitzstandsden-

ken schwierig. Bei uns darf und muß sich alles ändern, in allen Bereichen des Lebens, aber im sozialen Bereich darf sich nichts ändern, da muß alles ein für allemal festgeschrieben sein.
Aber hier müssen wir begleitend natürlich auch die technische Entwicklung in ihrer Gesamtheit sehen: diese technische Entwicklung wird Arbeitsplätze vernichten und diese technische Entwicklung wird neue Arbeitsplätze schaffen – aber insgesamt, wir müssen ja im Blick haben die Wochen-, die Jahres- und die Lebensarbeitszeit, halte ich es für außerordentlich wichtig, daß wir das Volumen, das wir heute haben, nicht nur wesentlich verändern, sondern daß wir das Gesamtvolumen unter dem Blickwinkel sehen, welche Notwendigkeiten entstehen. Wir werden immer mehr Rentner haben und immer weniger Aktive. Wenn man das auf ein einziges Haus einer bestimmten Familie bezieht, dann ist heute schon die Vorstellung zulässig, im Anfang steckend noch ein bißchen, daß in einem solchen Haus drei Generationen sind, von denen zwei Rentnergenerationen sind.

Herr Tauchnitz:
Ich möchte einen Gedanken, Herr Esser, den Sie mit zwei Sätzen gesagt haben, herausholen.
Wenn wir auf der Suche sind, welches Feld wir beackern sollen, dann meine ich, daß die von Ihnen erwähnte moralische Kategorie ganz besonders beachtenswert ist. Sie haben von der Solidargemeinschaft gesprochen, der Versicherten und der Arbeitsunfallversicherten. Wem ist denn bewußt, daß er Mitglied dieser Solidargemeinschaft überhaupt ist? Wem ist denn bewußt, daß er in einer solchen Situation gegen die Solidargemeinschaft verstößt? Wir müssen das bewußter machen. Oder das Betrügen des Staates um die 14%? Wer empfindet das eigentlich als einen wirklichen Verstoß? Wir haben gesagt, daß man sich leicht von der Gemeinschaft distanziert ohne ein Unrechtsbewußtsein. Das ist der Punkt! Das Unrechtsbewußtsein ist doch systematisch geschwunden oder zumindest ist die Hürde sehr tief geworden.
Und wenn ich Schwarzarbeiter betrachte, dann arbeitet der Schwarzarbeiter nicht nur billiger, sondern er arbeitet auch besser. Wenn ich mich umschaue bei denen, die eine Arbeit tun, und zwar nicht in der Schattenwirtschaft, sondern in der Sonnenwirtschaft, dann habe ich durchaus nicht immer den Eindruck, daß diese Menschen sich dessen bewußt sind, daß sie den Vorzug haben, einen Arbeitsplatz zu haben und entsprechend arbeiten. Der Mann der Schattenwirtschaft arbeitet wirklich so, daß ich mit seiner Leistung zufrieden bin. Deswegen meine ich, daß wir auf der Suche nach Möglichkeiten, mit diesen Problemen

fertigzuwerden, diese moralischen Komponenten sehr viel stärker in den Blick nehmen müssen.

Herr Esser:

Herr Tauchnitz, ich glaube, wenn der Staat und auch die Gesellschaft bessere Positionen in der Auseinandersetzung mit dieser Thematik, mit der wir uns heute beschäftigen, gewinnen wollen, dann müssen in dieser Reihenfolge die wirtschaftlichen und materiellen Voraussetzungen dafür verbessert werden, damit man eine Position gewinnt, die es einem erlaubt, in den moralischen Kategorien zu denken und zu handeln, die wir für richtig ansehen. Ich halte es für einen Kardinalfehler, die Menschennatur falsch einzuschätzen. Dagegen setzt sich die Menschennatur mit ihren Mitteln zur Wehr. Und sie tut es – wie wir ja aus den Zahlen gehört haben – erfolgreich.

Dr. Herrhausen:

Es hat vor einiger Zeit einen sehr interessanten Aufsatz gegeben von Professor Kirsch aus Freiburg über die sogenannte Rationalitätenfalle, in der wir uns alle befinden. Die Menschen verhalten sich im allgemeinen ganz rational. Sie suchen schon ihren Nutzen dort, wo sie ihn mit dem geringsten Einsatz und dem höchsten Ergebnis erzielen können, und wenn die wirtschaftlichen Verhältnisse nicht so sind, wie Herr Esser es geschildert hat, dann ist es eigentlich ganz logisch, daß man nach anderen Ausschau hält, wo dieses Verhältnis zwischen Einsatz und Ergebnis besser wird, und ich glaube, wir können alle moralischen Versuche starten, angefangen beim Bildungskanon bis zur Erwachsenenaufklärung und Erwachsenenbildung, wenn die wirtschaftlichen Verhältnisse diesen moralischen Standpunkt ihrerseits nicht bestätigen, werden wir kaum eine Chance haben, eine Verhaltensänderung bei den Menschen zu erreichen, so bedauerlich das ist. Ich glaube, es ist schon richtig, daß man zunächst einmal dafür sorgt, die Ökonomie wieder stimmend zu machen, bevor dann die Psychologie folgt, was uns nicht davor bewahren sollte, an allen Fronten auch im Sinne dessen, was unter geistig-moralischer Wende propagiert worden ist, tätig zu sein.

Dr. Femppel:

Herr Esser, habe ich Sie recht verstanden, daß Sie nach dem Staat rufen, um die Schattenwirtschaft etwas einzuschränken? Das würde ich nicht ganz verstehen.

Die zweite Frage: Sie haben am Ende gesagt, wir dürfen keine weiteren Arbeitszeitverkürzungen haben.

Wir haben in der letzten Tarifauseinandersetzung den Kampf um die Vierzig-Stunden-Woche eigentlich auf dem falschen Bein geführt. Wir haben gesagt, wir dürfen nicht weniger als 40 Stunden arbeiten, anstatt daß wir gesagt hätten, die Verringerung der Arbeitszeit schafft uns keine neuen Arbeitsplätze. Aber wir werden in der Zukunft nicht mehr, sondern wir werden weniger Arbeitsplätze haben.
Wir können nicht hergehen und bei der vor uns stehenden Entwicklung, insbesondere auf der gesamten technisch-kaufmännischen Verwaltungsseite, wo uns die technische Revolution, über die wir im Arbeitskreis I sprechen, eine wesentliche Anzahl unserer Arbeitsplätze freisetzen wird, sagen, es kann keine Arbeitszeitverkürzung mehr geben.
Ich kann auch die Verkürzung der Arbeitszeit nicht in diesem Umfang als Grund für die Schattenwirtschaft sehen. Ich möchte hier an die Thesen des Kronberger Kreises erinnern, der ganz einfach sagt, „unsere Lohnkosten sind zu hoch geworden". Hier könnte ich mir vorstellen, daß wir zwar nur sehr langsam, aber doch notwendigerweise die Fehler des Tarifverhaltens der letzten 20 Jahre wieder etwas korrigieren, indem wir immer nur über die 2, 3 oder 4 Prozent Bruttolohnerhöhung gesprochen haben. Aber die Nebenkosten, die uns kaputtmachen, die haben wir immer unter den Tisch fallen lassen. Es wäre versuchenswert, daß wir in künftigen Tarifverhandlungen diese Zusatzkosten dazurechnen, gleichzeitig aber auch aufzeigen, was netto übrigbleibt. Vielleicht könnte – utopischer Gedanke – auch auf der Gewerkschaftsseite das Verständnis dafür geweckt werden, daß die Bruttolohnerhöhung dem Einzelnen sehr viel weniger läßt, als wenn wir bei gleichbleibenden Löhnen über Kostensenkungen bei unseren Produkten dem Arbeitnehmer eine höhere Kaufkraft zukommen lassen.

Herr Esser:
Ich darf vielleicht zunächst sagen, wenn wir uns in kritischer Distanz die Frage vorlegen, ob die Arbeitskämpfe 1984 notwendig waren, dann würde ich mit einem klaren, einfachen und deutlichen Nein antworten. Wenn die Frage anders gestellt wird, ob die Arbeitskämpfe unvermeidbar waren, dann muß ich sagen, sie sind unvermeidbar gewesen, und zwar wegen des politischen Konfliktes, der hier angestrebt und ausgetragen wurde. Die zweite Bemerkung: Wenn die Arbeitgeberseite auf eine absolute Forderung, nämlich die Arbeitszeit von 40 auf 35 Stunden pro Woche mit Lohnausgleich zu verkürzen, auch nur andeutungsweise kompromißbereit reagiert hätte, dann hätten wir sicherlich nicht den heutigen Stand der Dinge zu verzeichnen. Wir haben nämlich zu registrieren – das ist ein wenig untergegangen –, daß in beiden Bereichen der

Wirtschaft die Regelarbeitszeit von 40 Stunden weiterhin gilt, zum Teil auf Jahre hinaus festgeschrieben worden ist. Und wir hätten auch nicht – was letztendlich und nicht zuletzt dank des Stehvermögens der mittelbar und vor allen Dingen unmittelbar vom Arbeitskampf betroffenen Unternehmen gelungen ist – Regelungen durchgesetzt, wie sie in der Druck- und Verlagswirtschaft und insbesondere in der Metallindustrie realisiert worden sind.

Wir haben in unserer Argumentation – und ich bin heute wie gestern davon überzeugt – schlüssig dargelegt, daß Arbeitszeitverkürzungen – und ich habe es eben nochmal erwähnt – globaler Art zu immensen kostentreibenden Entwicklungen führen müssen, und daß von daher eher Arbeitsplätze gefährdet werden als neue Arbeitsplätze geschaffen werden können.

Vierte Bemerkung: Zusatzkosten. Die starke Steigerung der Personalzusatzkosten ist auf drei Faktoren zurückzuführen:

1. Die staatliche Sozialpolitik, auf die wir Einfluß nehmen können, aber die letzte Entscheidung liegt hier beim Gesetzgeber.
2. Diese Entwicklung ist beeinflußt worden durch die Tarifpolitik. Die Tarifvertragsparteien haben Regelungen getroffen, die sich in steigenden Personalzusatzkosten niedergeschlagen haben – nehmen Sie die Urlaubsverlängerung zum Beispiel.
3. Auch die Unternehmen haben sich nachhaltig an dieser Entwicklung mit eigenen Regelungen beteiligt.

Und schließlich die letzte Bemerkung zur Entwicklung der Technik auch im Büro- und Verwaltungsbereich – aber dies gilt auch für die gesamte Volkswirtschaft: Haben Sie etwas Nachsicht mit mir, wenn ich auf eine Ausarbeitung aus Ihrem Hause verweise, mit der schlüssig dargelegt worden ist, daß durch die technische Entwicklung eine Mehr an Arbeitsplätzen entstehen kann.

Dr. Herrhausen:

Vielleicht lesen Sie Ihre eigene Ausarbeitung noch einmal nach. Diese Diskussion hat es ja seit hundert Jahren gegeben, und immer wieder wurde gesagt, die technische Entwicklung führt dazu, daß wir mit weniger Arbeitsplätzen dasselbe Arbeitsvolumen erledigen können, und bisher ist es nicht richtig gewesen. Darf ich vielleicht noch eines hinzufügen zu dem, was Sie gefragt haben: Können die Gewerkschaften nicht selbst auch mal einsichtig sein? Es war doch interessant zu beobachten, daß es im Verlaufe der Auseinandersetzung des letzten Tarifstreits das Argument „die Arbeitszeitverkürzung ist ein Mittel, um die Arbeitslosigkeit abzubauen, d.h. neue Arbeitsplätze zu schaffen“, allmählich verschwunden ist. Am Ende ist dieses Argument nicht mehr gebraucht worden, weil die Gewerkschaften wohl eingesehen haben, daß es falsch war, denn – ich komme zurück auf meine Rationalitätenfalle – wir erwarten, wenn das Telefonieren teurer wird, daß die Menschen weniger telefonieren, wenn die Benzinpreise steigen, daß sie weniger Auto fahren, warum soll eigentlich ein Unternehmer aus dieser Rationalitätenfalle ausbrechen und just den Produktionsfaktor stärker einsetzen, der im Preis teurer wird. Das ist im Grunde genommen eine Trivialität, die haben die Gewerkschaften auch eingesehen, deswegen ist dieses Argument verschwunden und wiederum bestätigt, daß es ein politischer Streik war in erster Linie und kein ökonomischer.

Herr Schrader:
Herr Esser, die Motivlage habe ich noch einmal versucht, etwas weitgehender zu analysieren. Man kann nicht alles erkennen, was im Schatten sich abspielt. Ich meine aber doch, wenn man mal die Hauptmotive herauspickt, könnte man vielleicht sagen, die Teilnehmer in der Schattenwirtschaft finden sie deshalb so gut und nützlich, weil sie einmal mehr Spaß macht – unternehmerische oder quasi unternehmerische, persönliche, freiheitliche Gestaltung ist der Anreiz – und zum anderen bringt sie mehr ein. Und hier ist ja die Frage, die sich an das unternehmerische Lager richtet: „Haben wir gestalterische Möglichkeiten vielleicht übersehen, unter gewissen Zwängen aber auch unterlassen müssen, oder gibt es die Chance, den Ausbrechern in die Schattenwirtschaft wieder mehr Spaß, wieder mehr Gestaltungsmöglichkeit zu verschaffen und sind unsere, selbstverständlich stark leistungsorientierten Anreizsysteme in Ordnung und ausreichend?“ Dies als Frage an uns.

Herr Esser:
Gar kein Zweifel, daß die in der Schattenwirtschaft oder als Schwarzarbeiter Tätigen daran Spaß haben, weil es eben eine sich lohnende und wie Sie sagen, auch eine Sache ist, die einem mehr Möglichkeiten gibt. Aber das alles ändert ja nichts daran, daß wir es mit einem Tatbestand zu tun haben, den wir nicht billigen können. Bitte, bedenken Sie doch nur eines: Derjenige, der ein normales Arbeitsverhältnis hat, er arbeitet in der Woche – und ich spreche jetzt von der Nettoarbeitszeit – etwa 40 Stunden. Dadurch fühlt er sich nicht ausgelastet. Er sieht die Möglichkeiten, für sich selbst gewinnbringend tätig zu sein. Während dieser Tätigkeit zieht er sich einen Unfall oder eine darauf zurückzuführende Krankheit zu. Dann nimmt er die Solidargemeinschaft für die daraus entstehenden Folgen kostenmäßig in Anspruch. Wir haben es also nicht nur mit reinen

Kavaliersdelikten bei diesen Dingen zu tun. Oder nehmen Sie beispielsweise die Leute, die in alternativen Lebensformen tätig werden, mit den Bildern der Schafzucht, der Produktion von Stoffen aus der gewonnenen Wolle usw. usw. Sie können das ja nur deshalb tun, weil eine intensiv, auch heute noch intensiv arbeitende Gemeinschaft die Gesamtheit ihrer Lebensumstände gegründet und absichert, im Notfall durch die Sozialhilfe.
Das sind Probleme, mit denen wir es bei diesen Fragen zu tun haben. Und die Legalisierung, d. h. die Reintegrierung von in der Schattenwirtschaft geleisteter Arbeit in den offiziellen Wirtschaftskreislauf, die ist nur möglich, indem der Staat, die Tarifvertragsparteien, möglicherweise noch andere Institutionen, andere, günstigere Bedingungen setzen, Bedingungen entlastender Art.
Und ich darf auf einen vorhergehenden Beitrag zurückkommen, ich bin der letzte, der nach dem Staat ruft. Ich bin dafür, daß wir einen starken Staat haben und ich bin dafür, daß der Angehörige dieses Staates voll ja dazu sagt, aber gleichzeitig auch dafür sorgt, daß er seinen Freiraum behält, und der Staat umgekehrt dafür sorgt, daß dieser erhalten werden kann.

Dr. Herrhausen:
Meine Damen und Herren, ich bitte die Herren um Verständnis oder gar Beifall, wenn ich jetzt zunächst eine Dame aufrufe als – wie ich vorhin gesagt hatte „Arbeitgeber der Schattenwirtschaft".

Frau Schomburg:
Wir haben eben gehört, Sie haben an unsere Moral appelliert. Ich habe nur eine Frage an uns alle: Fahren wir jetzt nach Hause und melden wir alle unsere Putzfrauen an?

Herr Esser:
Die Antwort darauf kann kurz und knapp ausfallen: Nein.

Dr. Herrhausen:
Schade, ich dachte, Sie hätten jetzt alle ganz laut „ja" gerufen. Wir müssen natürlich dem Präsidenten der Bundesvereinigung der Arbeitgeberverbände folgen, denn wir wollen ihn nicht enttäuschen.

Herr Kuhlmann:
Herr Esser, ich hätte gern noch etwas Analysierendes über die Gewerkschaften in diesem Zusammenhang gehört. Sie sagten mit Recht, der

letzte Tarifabschluß in der Metallindustrie sei deshalb so hoch zu bewerten, weil er im Rahmen der Tarifautonomie, also ohne wie auch immer geartete Eingriffe von dritter Seite, erreicht wurde. Er kam ja wohl auch zustande, weil einer der klassischen Arbeiterführer der Schlichter war: Georg Leber. Und er ist deshalb ja in seinen eigenen Reihen auch nicht sonderlich gefeiert worden. Frage also: Was ist eigentlich passiert bei den Gewerkschaften? Was ist aus diesen alten Arbeiterführern von Böckler bis Rosenberg einschließlich Leber geworden? Was hat sich da geändert? Wieso können sich diese Umverteilungsideologien oder kann sich die Politisierung von Arbeitskämpfen so durchsetzen? Wird das eigentlich von der jeweiligen Basis getragen? Und wie wird das in Zukunft weitergehen vor dem Hintergrund, daß es keine Lösungen solcher Fragen, wie sie heute gestellt wurden – z. B. Schattenwirtschaft – gibt, ohne das Miteinander der Tarifparteien?

Herr Esser:
Aber wenn wir von Gewerkschaften sprechen, Herr Kuhlmann, müssen wir doch sehr stark unterscheiden zwischen der Industriegewerkschaft Druck und Papier und der Industriegewerkschaft Chemie. Dazwischen liegen Welten. Der Riß, der durch den deutschen Gewerkschaftsbund hindurchgeht und für den die Arbeitszeitfrage nicht nur alleine Anlaß, sondern auch Ursache sein mag und umgekehrt, dies ist ein tiefgreifender Riß, und ich sage das ohne jede Freude. Wir haben es natürlich auch mit einem starken Generationenwechsel in den Gewerkschaften zu tun. Im Jahre 1983, im Herbst, fanden vier Gewerkschaftstage statt. Die Gewerkschaften sind im Rahmen dieser Gewerkschaftstage mit der Sozialdemokratischen Partei in die Opposition gegangen in dem tief verwurzelten Mißverständnis, daß das eine Rolle einer Gewerkschaft sein könnte. Sie haben inzwischen wenigstens streckenweise begriffen, daß das ein Irrweg sein muß. Darauf ist zurückzuführen, daß neuerdings aus gewerkschaftlichem Munde zu hören ist, man sollte doch versuchen, wieder zu einer wirtschafts- und sozialpolitischen Gesprächsrunde mit der Regierung und der Bundesbank zu kommen. Das ist eine Form, die gewählt wurde, um das Gesicht zu wahren, aber letztlich die Ankündigung: Wir sind bereit zur Zusammenarbeit. Die Bundesregierung wird mit Sicherheit auf die Gewerkschaften zugehen müssen, aber die Gewerkschaften müssen begreifen, daß es keine Bringschuld der Bundesregierung gibt, sondern daß Interessenvertretungen, zu denen ich auch die Arbeitgeber und die Wirtschaftsverbände rechne, daß diese Verbände sich einordnen müssen in das Gesamte und keine Rolle dominierender Art beanspruchen können.

Nun zu Leber: Ich bin der Auffassung, daß Herr Leber – und, was immer vergessen wird, Professor Rüthers, der Arbeitsrechtler aus Konstanz –, daß sie tarifpolitisch und tariftechnisch eine ausgezeichnete Arbeit – zusammen mit den Vertretern der Arbeitgeber und mit den Vertretern der Gewerkschaften – geleistet haben. Aber, ich knüpfe an eine Bemerkung von Herrn Dr. Herrhausen an: im Grunde genommen ist die Diskussion um die Arbeitslosigkeit verkümmert zu einer Arbeitszeitverkürzungsdiskussion und das, was als tarifpolitische Lösung – ich habe Respekt davor – präsentiert worden ist, enthält diesen Versuch zu einer Lösung nur in dem Ausmaß, in dem tarifpolitisches Neuland betreten wird, was ich für einen gewichtigen Vorgang halte, den wir mit „Flexibilisierung der Arbeitszeit" und „Dezentralisierung der Entscheidung in der Arbeitszeitfrage" umschreiben. Wir wissen, es liegt inzwischen ein etwa 100seitiges Kompendium der Metallgewerkschaft vor, aus dem sich ergibt, daß sie versuchen will, aus der durchschnittlichen Wochenarbeitszeit eine Festarbeitszeit von 38,5 Stunden für alle zu machen. Wir werden also keine Nachtarifrunde in diesem Bereich haben, sondern es wird zu vielfältigen Konflikten – jetzt nicht im Sinne der vergangenen Monate, aber zu vielfältigen Konflikten leider auch in den Unternehmen kommen –, weil eine der beiden Tarifvertragsparteien sich an das Abkommen, so wie es gedacht und wie es abgeschlossen worden ist, nicht halten will. Professor Rüthers hat kürzlich darauf hingewiesen, daß die Regel nach dem Abkommen, das getroffen worden ist, die Flexibilisierung sein soll und nicht etwa die 38,5-Stunden-Woche für alle. Der Gegensatz zwischen den Funktionären und den Mitgliedern in der Arbeitszeitfrage in der Industriegewerkschaft Metall und in der Druckgewerkschaft ist außerordentlich ausgeprägt gewesen. Das tief Bedenkliche an dieser Entwicklung ist nicht das Ergebnis so oder so oder wie es betrachtet wird, sondern daß eine relativ kleine Gruppe von Funktionären einer relativ großen Zahl von Mitgliedern ihren Willen im Sinne konformistischen Verhaltens aufzwingen konnte. Das ist, meine Damen und Herren, eine Art von Gleichschaltungsprozeß und von größter Bedenklichkeit jenseits der Tarifpolitik. Hier fühle ich mich im Grunde genommen als Staatsbürger noch stärker berührt, andererseits müssen wir sehen, es hat auch Korrekturen gegeben, Herr Steinkühler hat noch im Januar, am 11. Januar 1984, in Hamburg eine Rede gehalten, die auf gesellschaftliche Umgestaltung gerichtet war. Er muß dann im Laufe der Monate eine Unmenge Kreide zu sich genommen haben, weil er nämlich zum Schluß hin eher zu den Kräften gehörte, die das Abkommen von Stuttgart förderten, wobei man nicht übersehen kann, daß die Grundeinstellung von Leber und die Grundeinstellung bestimmter Gewerkschaftsführer, ich nenne jetzt keine Namen, sich wieder wiederum unterscheidet, so daß man vermuten kann, daß das, was da angenommen worden ist, was ja konzeptionell dem Vorhaben der Arbeitgeberseite entsprach, daß das eben nur mit großer Bitterkeit im Abkommen geschluckt wurde.

Dr. Herrhausen:
Herr Esser, gestatten Sie mir eine Frage: Sie haben selbst offengelassen, ob die Diskussion um die Arbeitszeitverkürzung weitergeht oder ob wir eine Diskussion um weitere Arbeitszeitverkürzung bekommen. Gerade haben Sie von dem Gegensatz zwischen Mitgliedern und Funktionären gesprochen, der offenbar doch durch den Appell an die Solidarität überdeckt worden ist, sonst wäre es ja zu diesen Ergebnissen bei der Urabstimmung wohl nicht gekommen. Wie wäre Ihre Prognose oder Ihre Antwort auf die Frage, gesetzt den Fall, wir bekommen in zwei oder drei Jahren eine neue Runde, in der über Arbeitszeitverkürzung gesprochen wird? Wird es dann wieder ein so solidarisches Verhalten geben oder glauben Sie, daß der Lernprozeß durchlaufen ist und dann die Mitglieder obsiegen und nicht mehr die Funktionäre?

Herr Esser:
Wir haben, Herr Dr. Herrhausen, hier eine sehr widerspruchsvolle Welt. Wir wissen durch wissenschaftlich abgesicherte und wiederholte Umfragen, daß die Mehrheit der Arbeitnehmer, die Mehrheit der Arbeitnehmer in der Metallwirtschaft, sich gegen eine Verkürzung der Wochenarbeitszeit ausgesprochen hat. Ich habe nicht eine Sekunde lang die Illusion gehabt, daß das etwa bedeuten würde, im Falle einer Urabstimmung werden sich die gleichen, die hier in ihrem privaten Bereich befragt worden sind, genauso verhalten, wenn sie sich im Unternehmen befinden. Hier ist ein eminenter sozialer Druck ausgeübt worden, und hier spielen natürlich die Schichtungen der Arbeitnehmer und der Mitglieder eine Rolle. Ich will nur als Stichwort auch das Ausländerpotential erwähnen.
Das zweite ist, ob die Auseinandersetzungen 1986 z. B. in der Metallindustrie wiederaufgenommen werden. Das hängt von den Umständen der Bedingungen ab, die wir mit letzter Bestimmtheit heute nicht vorhersehen können. Ist die Nachdenklichkeit groß, dann werden z. B. die vom Streik betroffenen Beschäftigten feststellen, daß sie zum Ausgleich der Einkommensverluste, die durch den Streik für sie entstanden sind, einen geschätzten Zeitraum an der unteren Grenze von 2, an der oberen Grenze von 5 Jahren brauchen. Ob das vorhält, ich würde nicht wagen, mich darauf verlassen zu wollen. Es spielt eine Rolle, wie die Gewerkschaften

die – ich nenne es einmal Sonderausgabe – von rund einer halben Milliarde DM ansehen und bewerten. Ich gehe nicht davon aus, daß die Industriegewerkschaft Metall 1986 – das Abkommen läuft ja leider nur eine verhältnismäßig kurze Zeit – nicht wieder erneut in der Lage wäre, eine solche Auseinandersetzung zu führen. Aber hier würde auch das politische Umfeld, die wirtschaftlichen Konditionen und so fort, und so fort, eine Rolle spielen, weil eben vieles auf diesen Bereich auch einwirkt. Das dritte: Die Nachdenklichkeit bei den Gewerkschaften ist nicht gering. Ich habe dafür Anhaltspunkte, die ich nicht näher erläutern kann, weil es sich um Dinge handelt, die der Diskretion bedürfen. Aber ich schöpfe eine gewisse Ermutigung daraus, daß wir vielleicht zu besseren Bedingungen kommen, was ich für unerläßlich halte. Tarifvertragsparteien dürfen nicht nur aus Anlaß von Tarifverhandlungen miteinander sprechen, sondern sie müssen einen gewissen Kontakt über das ganze Jahr hindurch haben. Das setzt voraus, daß die Gewerkschaften verstehen, daß nicht jede Zusammenkunft mit einem materiellen Ergebnis enden kann. Wir haben klug geführte, erfolgreiche Gewerkschaften, die dieses Prinzip zusammen mit der Gegenseite, also den Arbeitgeberverbänden, befolgen, und sie sind mindestens im Ergebnis so weit gekommen, ich selbst bin der Meinung, sie sind weitergekommen als die Gewerkschaften, in deren Bereich Arbeitskämpfe durchgeführt worden sind.

Herr Düll:
Ich wollte gerne die Frage der Schattenwirtschaft von einer recht pragmatischen Seite aus ansprechen.
Herr Esser, Sie sagten ja in einleitenden Worten, der Umfang der Schattenwirtschaft wird auf etwa 5 bis 10 Prozent des Bruttosozialprodukts geschätzt. Allein diese Bandbreite zeigt ja, daß es eine große Dunkelziffer hier gibt. Andererseits muß man, glaube ich, doch sehen, daß sie sich auf einige wenige Branchen konzentriert. Ich kann mir z. B. nicht vorstellen, daß es in der chemischen Industrie sehr viel Schattenwirtschaft gibt, genauso wenig wie in meiner eigenen Branche. Hingegen ist, glaube ich, unbestritten die Bauindustrie eine Hochburg der Schattenwirtschaft. Ich habe nun das nicht gerade große Vergnügen, in einer Gegend zu wohnen, in der rundum gebaut wird. Da macht man die merkwürdigsten Beobachtungen. Da gibt es Bauten und nicht nur Einzelbauten, da gibt es Reihenhäuser, vier an der Zahl, da wird die ganze Woche nicht gebaut. Nur am Samstag. Da werden Maschinen eingesetzt, die kann sich ein Einzelner oder auch eine kleine Gruppe von Leuten gar nicht leisten, und wenn man der Sache einmal nachgeht, stellt

man fest, die bekommen die Maschinen vom Arbeitgeber, bei dem sie von Montag bis Freitag arbeiten, unentgeltlich oder entgeltlich zur Verfügung gestellt. Da müßte doch ein Ansatzpunkt über die Arbeitgeberorganisationen sein. Wenn Schwarzarbeit von den Arbeitgebern auf diese Weise gefördert wird, dann wird der Ruf nach dem Staat, den Sie ja auch gar nicht ausgesprochen haben, eigentlich doch erst recht absurd.
Und dann noch eine Bemerkung zu dem, was Herr Tauchnitz vorhin sagte. Die Leute, die auf der Sonnenseite arbeiten und es sich gemütlich sein lassen, die arbeiten dort weniger, weil sie am Samstag und Sonntag voll loslegen wollen. Das sind nämlich dieselben Leute. Dies sind nicht Arbeitslose, die am Samstag Häuser bauen. Die könnten ja die ganze Woche bauen. Das sind dieselben Leute, die in Arbeit und Brot stehen und sich dadurch ein Zubrot verdienen.

Herr Esser:
Natürlich ist es so, daß die, die die Schwarzarbeit verrichten, aus allen Bereichen der Wirtschaft kommen. Aus allen Bereichen, auch aus der chemischen Industrie natürlich. Ich erwähne das, weil ich selbst zu ihr gehöre. Die Bauwirtschaft, und das ist eine exakte Beschreibung dessen, was bisher festzustellen war, die beginnt zunehmend zu begreifen, daß, wenn man maschinelle Einrichtungen über das Wochenende ausleiht, man sich nicht gleichzeitig später über fehlende Aufträge beschweren darf. Das ist ein inkonsequentes Verhalten einzelner Unternehmen, besonders dann, wenn die Zahl dieser einzelnen Unternehmen nicht ganz klein ist. Die Kontrollmaßnahmen im Bereich der Bauwirtschaft sind wahrscheinlich die am weitesten fortgeschrittenen, aber ich habe mir immer wieder versichern lassen, auch aus dem polizeilichen Bereich, daß man im Grunde machtlos ist, um wirklich eingreifen zu können, von Sonderfällen abgesehen. Also auch hier gilt, daß die Schwarzarbeit mit polizeilichen Methoden sicherlich nicht verfolgt werden kann.
Sie meinten, in Ihrem eigenen Bereich gäbe es keine Schwarzarbeit. Vorweg will ich folgendes sagen: Nehmen Sie einen Landesbeamten, der beispielsweise technisch vorgebildet ist und als Statiker arbeitet; dieser sagt, ich begrenze meine Arbeitszeit – und er bekommt dafür eine Genehmigung – auf fünf Stunden pro Tag. Das Beamtenverhältnis bleibt aufrechterhalten. In der übrigen Zeit ist er als Statiker, und zwar als begehrter Mann, tätig, weil ja eine Reihe von Baumaßnahmen z. B. gar nicht ausgeführt werden können, ohne daß ein solcher Beitrag erfolgt. Diese Beispiele ließen sich ins Uferlose vermehren, aber ich will auf Ihren Eigenbereich, das Bankwesen, zurückkommen: Ich hatte eigentlich als Huldigung für den Diskussionsleiter eine Zeitungsnotiz mitgebracht, die

ich verlesen darf: „Ende eines Wunders“: Donna Branca Mario do Santos, 73 Jahre alt, ist dem vereinten Ansturm von Regierung und Banken Portugals erlegen. Über Monate hatte sie Einlagen von kleinen Leuten angenommen, mit 10 Prozent pro Monat verzinst, ohne Hilfskräfte, allein in einem winzigen Büro in Lissabon, ohne Buchführung. Nun darf sie ihr Geschäft nicht weiterführen zur Enttäuschung von Tausenden, die sie als „Bankier des Volkes“ berühmt gemacht hatten. Donna Branca hat nie verraten, wie sie ihr Zinswunder vollbrachte. Die plausibelste Erklärung: Sie finanzierte die auch in Portugal sprunghaft angestiegene Schattenwirtschaft, die offenbar besser wirtschaftete als die (steuerzahlenden) Unternehmen. Voilà!

Dr. Herrhausen:
Warum sollten eigentlich Banker und Financiers weniger kreativ sein als andere?

Herr Mehl:
Der Schattenwirtschaft ist, wie wir festgestellt haben, schwer beizukommen. Relevanz erhält das Problem durch die hohe Arbeitslosigkeit. Deshalb möchte ich auf einen Punkt zurückkommen, Herr Esser, den Sie in Ihrem Referat hervorgehoben haben und eben nochmals in der Diskussion:
Sie bezeichnen die Flexibilisierung der Arbeitszeit als sehr bedeutend. Nur über sie können Arbeitsplätze geschaffen werden, haben Sie gesagt. Sie haben an die Unternehmen appelliert, die Phantasie spielen zu lassen und alle Möglichkeiten auszunutzen. Mich hat es persönlich schon sehr merkwürdig berührt, daß nach diesem Tarifabschluß in der Metallindustrie und nachfolgend die Gewerkschaften erfolgreich über den Einstieg in die 35-Stunden-Woche sprachen, die Arbeitgeber aber plötzlich sagten: „Dies ist der Einstieg in die Flexibilisierung.“
Meine Frage an Sie: Meinen Sie, daß die Unternehmerorganisationen, Arbeitgeberverbände etc. diese Thematik den leitenden Leuten in den Unternehmen eigentlich so deutlich gemacht haben, wie das jetzt offensichtlich erscheint? Und glauben Sie, daß die Leute, die nicht mit Personalfragen und Tariffragen beschäftigt sind, angefangen haben darüber nachzudenken, was man an Flexibilisierung in ihrem Bereich einführen kann?

Herr Esser:
Es kann gar keinem Zweifel unterliegen, daß nicht nur die Arbeitnehmer, sondern auch die beschäftigten Unternehmen vor einer Reihe von

Problemen stehen, wenn Flexibilisierung Realität werden soll, dort, wo sie Realität werden kann und Realität werden sollte. Das ist einer der Gründe, warum das Inkrafttreten der Arbeitszeitregelung in der Metallindustrie auf den 1. April 1985 verschoben worden ist. Trotzdem, die verbleibenden Monate sind nur eine kurze Zeit. Die Verbände haben mit Sicherheit ihren Beitrag geleistet zu der Vorstellung, wir sollten zu flexiblen Regelungen kommen, die sich dann im übrigen natürlich nicht nur auf Arbeitszeit und Lohn, sondern auch auf andere Bereiche erstrecken. Wir müssen ja die erstarrten Fronten wieder aufbrechen, wir müssen insgesamt zu einer stärkeren Differenzierung kommen, auch im Einklang mit der unterschiedlichen wirtschaftlichen Lage der verschiedenen Wirtschaftszweige, mit denen wir es zu tun haben. Da ist sicher vieles geschehen. Wenn Sie die Frage stellen, ob genug geschehen ist, dann sage ich „nein", weil man auf dem Gebiet der Informations-, der Öffentlichkeits- und der Aufklärungsarbeit nie genug tun kann.

Die Beschäftigung mit dem Thema in den Unternehmen ist eine intensive, und soweit ich das sehen kann, ist es sicherlich so, daß in einer ganzen Reihe von Unternehmen natürlich auch die nicht im Personalbereich tätigen leitenden Kräfte damit betraut worden sind. Es gibt, aber das will ich nicht generalisieren, gewisse innere Widerstände, die einfach mit dem Gedanken zusammenhängen: Wir wollen das, was bisher so war, im Grunde genommen weitermachen. Das ist ja eine menschliche Verhaltensweise. Nur wir wissen durch die Umfrage des IFO-Institutes vor einiger Zeit, daß sich 1,6 Millionen Arbeitsplatzbesitzer eine andere, und zwar kürzere Arbeitszeit wünschen. Damals lief das noch unter dem Begriff der Teilzeitarbeit, im wesentlichen jedenfalls. Nun weiß ich natürlich, daß die entsprechenden Antworten der Befragten nicht etwa bedeuten, daß diese 1,6 Millionen alle auch ihre Auffassung Wirklichkeit werden lassen. Aber wenn es nur gelingen würde, die Hälfte oder ein Drittel dafür aufzuschließen, daß sie flexibel arbeiten, dann würde das bedeuten, daß wir hier eine Entlastung des Arbeitsmarktes erfahren würden.

Nun hinsichtlich der Interpretation des Abkommens: Ich glaube, daß beide Seiten aus ihrer jeweiligen Sicht Recht haben. Zwar ist der obere Eckpunkt in der Metallindustrie erhalten geblieben, nämlich die 40-Stunden-Woche, aber der untere Eckpunkt sind die 37 Stunden. Daraus kann man Ableitungen treffen, so wie die Gewerkschaft das tut. Die Arbeitgeberseite kann mit Sicherheit darauf hinweisen, daß eines der Kernziele ihrer Bemühungen, zu einer flexibilisierten Tarifregelung zu kommen, erreicht worden ist. Daß dabei auf beiden Seiten natürlich das

Bedürfnis mitspielt, deutlich zu machen, wie erfolgreich man war, das will ich gar nicht verschweigen, das ist sicherlich so.
Der Herzog von Wellington, der nicht nur ein hochrangiger Soldat und Staatsmann war, sondern auch ein philosophischer Kopf gewesen sein mußte, meinte: „Nächst einer Niederlage gibt es keinen schmerzlicheren Verlust als einen Sieg."

Dr. Herrhausen:
Oder ein Kompromiß. Ein Kompromiß ist ex definitione eine Vereinbarung, bei der beide gewinnen oder es mindestens erklären können, daß sie gewinnen. Das war wohl hier so.
Meine Damen und Herren, darf ich nochmal anregen, die Diskussion vielleicht dadurch etwas farbiger zu gestalten, daß auch die Damen nochmal zu Worte kommen.

Frau Dr. Rosengarten:
Wir haben von der Schattenwirtschaft gehört, daß sie von den Frauen getragen wird, von den Frauen auf beiden Seiten; und ich meine, wir haben in den letzten 30 Jahren eine Menge Frauen gut ausgebildet – nicht so sehr die Baden-Badener Unternehmergespräche, da waren es nur neun – aber generell gesehen, kann man doch wohl davon sprechen. Vielleicht hat man in der Sonnenwirtschaft aber versäumt, diese Damen entsprechend zu integrieren, so daß sie in die Schattenwirtschaft abgewandert sind. Ich würde gern Ihre Meinung hören, wie Sie darüber denken.

Dr. Herrhausen:
Ich nehme die Bemerkung ausdrücklich zurück, daß die Hausfrauen die Arbeitgeber für die Schwarzarbeit sind. Ich will damit mein eigenes Schicksal etwas erleichtern.

Herr Esser:
Im Kern ist es natürlich so, wir haben einen wachsenden Anteil von Frauen, die berufstätig sein wollen und die daraufhin ausgebildet worden sind, und wir haben die hohe Arbeitslosigkeit. Das führt dann auch zu Diskussionen, die man, glaube ich, mit großer, kritischer Aufmerksamkeit verfolgen muß. Es gibt dann sehr rasch den Hinweis auf Doppelverdienertum, und es wird dabei übersehen, daß hier der Anspruch des einzelnen auf persönliche Entfaltung zur Debatte steht. Es wird übersehen, daß wir eine freie Gesellschaft und einen freien Staat haben wollen.

Gleichwohl ist es so, daß die Frauenarbeitslosigkeit ja eine besonders große ist. Ich selbst glaube nicht so sehr daran, daß Frauen an Schwarzarbeit beteiligt sind, und zwar deshalb nicht, weil die hier gefragten Tätigkeiten doch in einem weiteren Umfang von Männern ausgeübt werden. Das würde ich gern nochmal dazu beitragen. Wir werden möglicherweise erleben, daß die Informations- und Kommunikationstechnik zu sehr veränderten Arbeitsformen führen wird, das könnte u. a. auch bedeuten, daß z. B. Frauen, die berufstätig sein wollen, bestimmte Tätigkeiten zu Hause ausüben können, die besser dann mit ihren sonstigen Aufgaben und Pflichten kombinierbar sind. Ich denke, wie gesagt, an die Informations- und Kommunikationsmittel, die uns heute schon anhandstehen und die solche Dezentralisierung von Arbeitsvorgängen erlauben würden. Aber das ist noch ein wenig Zukunftsmusik. Ich hoffe, daß ich ein wenig von dem getroffen habe, was Anlaß zu Ihrer Frage gegeben hat.

Dr. Herrhausen:
Frau Dr. Rosengarten, um ein Mißverständnis zu vermeiden oder gar auszuräumen: Wir hatten die Frauen nicht schlichtweg als die in der Schattenwirtschaft Tätigen bezeichnet, sondern wir hatten gesagt, sie seien die Arbeitgeber für solche in der Schattenwirtschaft Tätigen.

Herr Tauchnitz:
Herr Esser, ich nehme an, wir dürfen auch die Diskussion diskutieren. Sie sagten etwas, was mich sehr nachdenklich gestimmt hat, und zwar das, was Sie bewußt undeutlich sagten, daß es nämlich Kontakte gegeben habe gegen Ende der Tarifauseinandersetzungen. Das halte ich für natürlich und selbstverständlich und auch für erlaubt. Nur das, was mich sehr bedrückt, ist: Hat die Gewerkschaft eigentlich dafür Anerkennung verdient? Ist unser Verhalten gegenüber der Gewerkschaft richtig, wenn sie eine derartig, lassen Sie mich brutal sagen, sinnlose Forderung aufstellt von 35-Stunden-Woche bei vollem Lohnausgleich, eine Forderung aufstellt, die heuchlerisch ist, wenn sie in Zusammenhang gebracht wird mit der Frage der Beseitigung oder der Verringerung der Arbeitslosigkeit. Wenn das nicht heuchlerisch gewesen wäre, dann hätte sie sagen müssen, 35-Stunden-Woche, aber *ohne* Lohnausgleich, damit für das Geld andere arbeiten können. Wenn dann, wenn die Kuh mitten auf dem Eis steht und einzubrechen droht, einige vernünftige Leute Fühler ausstrecken, um die Kuh ein bißchen an das Ufer zu ziehen, ist es dann richtig, daß wir dafür noch eine gewisse Anerkennung bereit haben?
Wir haben doch in den letzten Jahren gesehen, daß in der Gewerkschaft

ein Generationswechsel stattfindet. Es kommen jetzt Leute, die nie einen Schraubenschlüssel in der Hand gehabt haben, die von der intellektuellen Seite kommen und mit Ideologie wuchern. Wenn dieser Wechsel stattgefunden hat oder stattfindet, ist es dann noch richtig, wenn wir dieser Gewerkschaft gegenübertreten mit unserem Verhalten, das wir in den vergangenen 20 Jahren gelernt haben? Müssen wir nicht unser, lassen Sie es mich in Anführungsstrichen sagen, unser „Feindbild" ein bißchen korrigieren? Ist es noch richtig, wenn wir immer wieder bei Veranstaltungen erst einmal der Gewerkschaft symbolisch die Füße küssen, um dann zum Thema überzugehen? Wenn diese Dinge so sind, daß eine vernünftige Forderung aufgestellt wird, und es finden sich dann ein paar Vernünftige, dann meine ich, ist das nicht eine Anerkennung wert, sondern dann ist die Verurteilung dessen, was vorher geschehen ist, nötig.

Herr Esser:
Das ist eine Beurteilung der Gewerkschaften. Vielleicht darf ich vorweg zu bedenken geben, daß sich ein freier Staat und eine freie Gesellschaft durch freie Gewerkschaften und freies Unternehmertum unter anderem ausweisen, nicht etwa ausschließen. Wir haben ein elementares Interesse daran, daß wir es mit starken Gewerkschaften zu tun haben, weil man schwierige Fragen nur mit Gewerkschaften lösen kann, die ihrer selbst gewiß und ihrer selbst sicher sind und umgekehrt gilt das selbstverständlich auch. Es hat während des Arbeitskampfes mehr zum Schluß hin eine von Journalisten geförderte öffentliche Diskussion darüber gegeben, man müsse alles tun, damit die Gewerkschaften angesichts der Einschätzung durch die öffentliche und veröffentlichte Meinung ihrer Tätigkeit nicht das Gesicht verlieren würden. Ich habe die Gegenfrage gestellt und stellen müssen, welches Gesicht gemeint ist, und habe versucht, mich an den Bildern zu orientieren, die wir von dem einen oder anderen Gewerkschaftsführer haben. Es kann sich also nicht darum handeln, daß wir etwas völlig Sachfremdes oder Sachwidriges unter dem Aspekt des Gesichtwahrens abhandeln, andererseits muß ich bekennen, daß wir das Ansehen und die damit verbundene Einschätzung der Gewerkschaften auch nicht beeinträchtigen sollten als einen Gegenstand oder ein Ziel unserer Politik. Das würde ich für falsch halten.
Zweiter Punkt, der gewichtiger ist: Das ist der soziale Friede. Die Gedankenkette lautet etwa so: Demokratie ist etwas, was auf Kompromisse angelegt ist. Weil das so ist, muß ein Kompromiß gefunden werden. Das bedeutet, so wie Sie sagten, Herr Tauchnitz, man kann völlig unsinnige Vorstellungen entwickeln, ein Teil dieser unsinnigen Vorstel-

lungen wird realisiert. Genau da setzt, glaube ich, konstruktive Arbeit ein und auch das ständige Bemühen, die andere Seite zu konstruktiver Zusammenarbeit zu überreden, sie für eine solche Zusammenarbeit zu gewinnen. Das ist das, was die Phantasie in der Tarifpolitik und in den Beziehungen der beiden Sozialparteien ausmachen kann. Wenn man den *absolut* sozialen Frieden macht, dann bedeutet das natürlich, daß man auch jederzeit erpreßbar ist. Ich glaube, wir müssen eine Position der Mitte haben und wir müssen immer wieder erneut bei allen Rückschlägen die Anstrengungen auf uns nehmen, auch die Gewerkschaften für eine Position der Mitte zu gewinnen und, lassen Sie mich das auch sagen, wenn wir die Lohnabschlüsse der Jahre 1982, 1983 und 1984 ansehen, und Gewerkschaften dürfen nicht nur danach beurteilt werden, was sie sagen, so schlimm das manchmal für uns klingen mag, sondern sie müssen danach beurteilt werden vor allem, was sie tun, dann kann man sagen, daß wir uns auf den Weg einer moderaten Vernunft, bisher jedenfalls, begeben haben. Ich will das nicht zu weit ausdehnen, ich will das auch nicht etwa hochloben, aber hier haben wir solche ausgeprägte Ansätze zu erkennen, die Inflationsrate wäre nicht so niedrig, wenn nicht auch, nicht ausschließlich, eine solche Tarifpolitik in den letzten Jahren möglich gewesen wäre.

Graf Kageneck:

Herr Esser, Sie haben vorhin gesagt, mit Recht gesagt, daß das Gespräch zwischen den Arbeitgebern und den Gewerkschaften sich nicht nur auf die Tarifverhandlungen erstrecken darf bzw. nicht nur stattfinden darf, wenn Tarifverhandlungen anstehen, sondern man müßte sich öfter sehen. Das entspricht ja auch meiner Einstellung dazu, daß unsere Bundestagsabgeordneten eigentlich mit uns nur sprechen, wenn mal wieder eine Wahl ansteht und zwischendurch kaum zu sehen sind. Aber hier die Frage an Sie:

Da gab es ja unter Professor Schiller die konzertierte Aktion, allerdings im Beisein auch der staatlichen Stellen. Haben Sie den Eindruck gehabt, daß die konzertierte Aktion seinerzeit einigermaßen funktioniert hat? Und hätte es einen Sinn, sie wiederzuerwecken? So viel ich weiß, sind die Gewerkschaften da im Augenblick etwas ablehnend.

Eine zweite Frage erlauben Sie mir im Zusammenhang mit dem von Ihnen erwähnten unverständlichen Urteil in Kassel: Das Ungleichgewicht zwischen den Tarifpartnern, das von diesem Urteil praktisch hergestellt worden ist, muß entweder unseren Gesetzgeber befassen, oder sehen Sie eine Möglichkeit, vor das Bundesverfassungsgericht zu gehen?

Herr Esser:

Zur ersten Frage, konzertierte Aktion: Lassen Sie mich eine sprachliche Bemerkung machen: Das war eine falsche Bezeichnung für eine Gesprächsrunde. Das war und konnte keine konzertierte Aktion sein und war es auch nicht. Aber die Bedeutung lag darin, daß sich in regelmäßigen Abständen Vertreter der Verbände und der Gewerkschaften, Sachverständigenrat, Bundesbank und vor allem natürlich Bundesregierung, trafen, miteinander sprachen, Auffassungen darlegten, begründeten, Argumente austauschten mit der Hoffnung, daß selbstverständlich die jeweils angesprochene Seite ihrerseits in eine gedankliche Verarbeitung der Darlegungen eintreten würde.

Diesen Sinn einer wirtschafts- und sozialpolitischen Gesprächsrunde schätze ich hoch ein. Die Gewerkschaften haben, das ist die zweite Bemerkung, aus Anlaß der Mitbestimmungsauseinandersetzung die damalige, ich bleibe bei dem alten Ausdruck, konzertierte Aktion verlassen. Das war ein Vorwand. Die Gewerkschaften hatten nie eine große Neigung für diese konzertierte Aktion, sondern sie sahen sich in ihren eigenen Betätigungsmöglichkeiten dadurch eingeengt. Um so bemerkenswerter ist es, daß sich entgegen ihrer Haltung neuerdings eine Reihe von Gewerkschaftsführern dafür aussprechen, zum Teil verklausuliert, daß es wieder zu einer solchen wirtschafts- und sozialpolitischen Gesprächsrunde kommen sollte und müßte. Ich selbst hoffe, daß das in einer nicht allzu fernen Zeit Wirklichkeit werden wird. Das ist aus vielen Gründen natürlich zu begrüßen.

Zum Urteil des Bundesarbeitsgerichtes vom 12. September: Es liegt zwar der Urteilstenor vor, aber das Urteil selbst nicht. Das muß im einzelnen untersucht werden. Es ist im Augenblick eine völlig offene Frage, ob das Bundesverfassungsgericht dafür in Anspruch genommen werden kann, aber eine Frage, die selbstverständlich sehr genau geprüft werden muß. Und ich darf hierbei erwähnen, natürlich wird Kassel auch seit Jahrzehnten politisch vom Gesetzgeber in Stich gelassen. Das hat dazu geführt, daß Kassel Ersatzgesetzgeber geworden ist, was eigentlich nicht die Funktion des Bundesarbeitsgerichts sein sollte.

Herr Peter Koch:

Herr Esser, Sie haben das Thema „Vorruhestand" vorhin, weil es ja doch nicht ganz in der Mitte Ihres eigenen Vortragsthemas lag, nur gestreift und haben bezüglich der Unterstützung der vorgesehenen Regelungen im wesentlichen auf zwei Punkte hingewiesen: Der eine ist der Transfer von Arbeit, insbesondere auf junge Menschen, der dadurch unter Umständen

ermöglicht würde, und dann haben Sie den Aspekt der Freiwilligkeit auf beiden Seiten unterstrichen.
Wenn man die Sache insgesamt betrachtet, dann mag zwar ein positiver Saldo übrigbleiben. Es ist ja sicher auch der Aspekt der tarifpolitischen Strategie zu sehen, wo das vielleicht noch das kleinere von den möglichen Übeln ist in bestimmten Auseinandersetzungen. Aber es bleiben doch auch erhebliche Negativposten auf der Waagschale, insbesondere, wenn man die tatsächlich abgeschlossenen tariflichen Vereinbarungen betrachtet. Ich sehe die wesentlichen Negativposten in zwei Punkten: Einmal wird in diesen Vereinbarungen de facto die ausgewogene Freiwilligkeit dann doch wieder umgestoßen. Es ist so, daß der Arbeitnehmer die Wahl hat, aber der Arbeitgeber eigentlich erst dann, wenn bestimmte Zumutbarkeitsgrenzen prozentualer Art überschritten sind. Das andere ist: selbst wenn man einen neuen Arbeitnehmer wieder einstellt für jemanden, der in den Vorruhestand ausscheidet, und die Segnungen dieser Regelung voll in Anspruch nimmt, selbst dann bleibt noch eine Belastung übrig, die in der Größenordnung von 50, 60% des Monatsgehaltes des ausscheidenden Mitarbeiters liegt. Da sie einen anderen eingestellt haben, addiert sich das dann zu den vielleicht nicht 100 Prozent, aber wegen des Altersunterschiedes doch 80 oder 90%, die sie für den neuen Arbeitnehmer zahlen, und der 100% übersteigende Betrag geht wieder in die Nebenkosten, die zu den Grundlöhnen hinzuzuaddieren sind.

Herr Esser:
Ich habe einiges in den Zusammenhängen und Ausführungen zum Vorruhestand gesagt und darf es in einer anderen Form wiederholen. Ich sehe darin einen zeitlich begrenzten Generationenvertrag zwischen jung und älter, wobei wir heute nicht übersehen können, in welchem Ausmaß von den Möglichkeiten, die Gesetz und jetzt auch zum Teil Tarifverträge bieten, Gebrauch gemacht wird. Der Einzelne kann sich unabhängig vom Gesetz auch für den Vorruhestand interessieren, und das Einzelunternehmen kann dazu dann ja oder nein sagen. Die Freiwilligkeit, meine Damen und Herren, konnte nur im Gesetz fixiert werden, und das ist auf dringliche Bitten der Arbeitgeberseite geschehen. Die Tarifvertragsparteien sind frei, daß sie hier Abänderungen vornehmen. In der Regel ist es so, daß Überforderungsklauseln in den Tarifverträgen enthalten sind, Überforderungsklauseln, die besagen, daß die Unternehmen hier nicht überstrapaziert werden dürfen.
Trotzdem bleibt da ein nicht ganz kleiner Rest von Unbefriedigtsein übrig. In der Metallindustrie ist es so, daß Teil des Gesamtabkommens von Stuttgart auch Vorruhestand ist, allerdings mit der absoluten Freiwil-

ligkeit auf beiden Seiten. Hier ist also die Freiwilligkeit auch im Tarifvertrag klar und deutlich umrissen worden. Der Vorruhestand, meine Damen und Herren, ist eine teure Sache, da kann gar kein Zweifel darüber bestehen.
Die Bemühungen, diesen 35%-Beitrag der Bundesanstalt für Arbeit im Falle einer Ersatzeinstellung für einen Ausscheidenden zu erhöhen, die sind nicht so erfolgreich gewesen, wie das wünschenswert gewesen wäre. Das hat natürlich etwas zu tun wiederum mit den Mitteln, die der Bundesanstalt für Arbeit oder wenn Sie es umfassender sehen wollen, die dem Staat für diesen Zweck zur Verfügung stehen.

Dr. Goppel:
Herr Esser, Sie sagten, daß Sie als wichtigsten Punkt empfinden, daß man den Menschen richtig einordnet und ihn nicht verkennt, und Sie, Herr Dr. Herrhausen, sagten, daß der Mensch in der Regel rational handelt – Sie haben das sehr plastisch geschildert. Ich möchte hier einmal eine Frage und vielleicht auch eine Anregung zur Diskussion stellen, weil ich empfinde, daß unsere Mitarbeiter, die ja die Lohnkosten im wesentlichen verursachen, vielfach gar nicht rational handeln können, weil sie nicht richtig informiert sind. Das eine ist die Information über die tatsächlichen Personalkosten. Sie haben einen Lohnschein, da steht drauf, was ihnen brutto zusteht, und dann ersehen sie die ganzen Abzüge. Sie sehen überhaupt nicht, daß das Unternehmen zwischen 80 und 100 Prozent zusätzliche Nebenkosten hat. Warum finden wir nicht ein System, daß den Leuten die Gesamtkosten gezeigt werden und dann die Abzüge auftauchen, damit jeder weiß, was tatsächlich seine Unkosten sind – der eine Punkt. Der andere Punkt, der auch damit zusammenhängt, da geht es um die Krankenkosten. Wenn man sich die Vollkaskosysteme ansieht beim Auto, dann ist es ein interessantes Phänomen, daß mehr als 60 Prozent – so bin ich informiert – eine Selbstbeteiligung akzeptieren, 200, 600, 800 DM.
Warum führen wir nicht ein System ein, daß die Leute weniger zur Krankenkasse zahlen, wenn sie von sich aus zwei oder drei Tage auf eine Erstattung verzichten als Anreiz, überhaupt nicht zwei oder drei Tage krank zu werden? Mit anderen Worten, und jetzt komme ich auf das Argument des rationalen Handelns zurück, es gibt viele Mitarbeiter, die sagen, „jetzt habe ich ein ganzes Jahr lang zugezahlt, jetzt muß ich mal wieder meine Grippe nehmen", einfach, weil sie das Geld bezahlt haben, das kommt so im Mitarbeitergespräch auf. Würden wir ein solches System anbieten, daß man verzichten kann und dafür statt hundert Mark nur achtzig Mark abgezogen bekommt, aber dann drei Tage lang keine solche

Erstattung erhält, bekommt man eine völlig andere Motivationssituation, die Leute kommen überhaupt nicht mehr auf die Idee zu sagen, „ich muß mal wieder meine Grippe nehmen“. Das Ganze nur als Anregung und als Überlegung, den an sich rational handelnden Menschen auch so zu nehmen wie er ist.

Herr Esser:
Die Gesundheitskosten, und ich spreche jetzt nur von den gesetzlichen Krankenkassen, belaufen sich im Augenblick im Jahresaufwand auf 100 Milliarden DM. In diesen 100 Milliarden DM ist die Lohnfortzahlung nicht enthalten. Sie liegt bei 4,67 Prozent der Lohn- und Gehaltssumme und das sind etwa 35 Milliarden DM. Dies soll nur die Größenordnung kennzeichnen. Es wird in der Krankenversicherung – vielleicht sollte ich zuvor noch sagen, daß das Krankenhauswesen an den von mir genannten 100 Milliarden DM mit nicht ganz einem Drittel, also über 30 Milliarden DM, beteiligt ist, es ist ein Kostenblock besonders großen Gewichtes – es wird in der Krankenversicherung, in der gesetzlichen Krankenversicherung insbesondere, aber auch sonst, überlegt, ob die Leistungen, die der Arzt erbringt, durchsichtiger gemacht werden können. In der Tat weiß der Patient das ja nicht. Wir selbst treten dafür immer wieder ein. Sicherlich wird es so sein, daß ein letzter Durchblick dem Patienten kaum möglich sein wird, weil er eben nicht über die Beurteilungsgrundlagen verfügt, aber wir könnten uns eine Reihe von Markierungspunkten denken, die ihm deutlich machen, was für Kosten ausgelöst werden.
Nun zu der Gegenüberstellung Vollkasko- und Teilversicherungen: Hier sind wir wieder bei dem Thema des mündigen Bürgers.
Meine Damen und Herren, jeder Bürger in der Bundesrepublik kann sich dazu entscheiden, ein Haus zu bauen. Und wenn ich das in der Umgebung meiner Wohnung verfolge, da werden von Arbeitern und Angestellten Häuser gebaut, die etwa 250000 bis 500000 DM kosten einschließlich der Grundstücke. Das ist doch eine gewichtige Entscheidung, die hier getroffen wird. Man hält es aber nicht für möglich, daß gesetzlich lediglich eine Grundversicherung vorgeschrieben wird, die die Grundrisiken absichert, die eine Grunddaseinsvorsorge ist, und daß darauf aufbauend vielfältige Formen entwickelt werden können, was einer zu seinem persönlichen Schutz, zu seiner besseren Absicherung noch tun will. Aber, meine Damen und Herren, in der Politik wird vor jeder Wahl über den mündigen Bürger gesprochen und das ganze Jahr wird dazu benutzt, die Möglichkeiten des mündigen Bürgers einzuengen, und wir erkennen jetzt zum ersten Mal seit einer ganzen Reihe von Jahren, daß mindestens eine

vorsichtige Bereitschaft vorhanden ist, diese Einstellung und diesen Zustand zu ändern.
Zweite Bemerkung: Natürlich kann jedes Unternehmen, und das gehört zur Autonomie des Unternehmens, den gesamten Aufwand, der durch die Beschäftigung eines Mitarbeiters ausgelöst wird, im Abrechnungsstreifen darstellen und damit deutlich machen, was geschieht.
Wir nehmen jede Gelegenheit wahr, darauf hinzuweisen, man soll so verfahren, aber die Entscheidung muß selbstverständlich bei dem einzelnen Unternehmen liegen. Wir haben allerdings auch festzustellen, daß es hier nun wiederum mehr in den großen Unternehmen eine eigene umfassende Sozialberichterstattung gibt, die deutlich macht, wie die wirklichen Kosten beschaffen sind, die nahebringen, daß zum Nettolohn, den einer entgegennimmt, eine Vielzahl von anderen Leistungen hinzukommt. Wir werden auf diesem Gebiet sicherlich quantitativ, möglicherweise qualitativ, mehr leisten müssen als es bisher geschehen ist – auch das ist ein Beitrag zur Selbstverantwortung des Einzelnen. Darauf zielt ja das, was Sie auch vorgetragen haben, ab.

Dr. Herrhausen:

Darf ich dazu vielleicht eine Bemerkung machen. Die Frage der Rationalität bringt uns beinahe in einen erkenntnistheoretischen Streit. Rationalität ist natürlich nur im Hinblick auf das Problemfeld, das die Folgerichtigkeit des Handelns abdeckt, abhängig von den Informationen. Einer, der wenig Informationen bekommt, kann gleichwohl sehr rational handeln in dem Problemfeld, das durch seine Information abgesteckt ist. Und wenn das größer wird, was sicherlich die Folgerichtigkeit steigern würde, auch im Hinblick auf die Widerspruchsfreiheit gegenüber anderen Verhaltensweisen, wäre das nur gut, aber ich habe den Eindruck, daß vielfach in deutschen Unternehmen und auch in der deutschen Öffentlichkeit noch nach dem Motto verfahren wird „Informiertsein ist Privilegiertsein", und deswegen sehr häufig sachdienliche Informationen, die zu einer größeren Rationalität oder Folgerichtigkeit führen würden, zurückgehalten werden. Ich glaube, da muß man mal ein bißchen an seine eigene Brust schlagen und sich fragen, was man selbst dazu tun kann. Ich adressiere nicht Sie, als denjenigen, der das ändern könnte, sondern uns alle. Ich glaube, es ist wichtig, darüber nachzudenken, daß wir bereitwilliger Informationen zur Verfügung stellen müssen, die es dem Einzelnen erlauben, das Problemfeld seiner Rationalität zu erweitern.

Herr Dr. Schmidt:

Hier ist eben ein Punkt angesprochen worden, der mir in der ganzen Diskussion bisher zu kurz gekommen scheint, und das ist der der Politik.

Wenn man sich das allgemeine politische Empfinden im Lande ansieht, dann bin ich der Meinung, daß quer durch alle Parteien in unseren Parlamenten die Sympathieträger des Gedankengutes der Gewerkschaften stärker vertreten sind als Sympathieträger unseres Gedankengutes. Und ich verweise in diesem Zusammenhang auf den Vortrag von Herrn Prof. Merkle von heute morgen mit seiner Darstellung über die Zusammensetzung der Parlamente.
Wenn das so ist, dann frage ich mich, wenn es denen gelungen ist, auf dem langen Marsch durch die Institutionen heute die politischen Meinungen zu prägen, die wir sozialpolitisch teilweise nicht mittragen können, in welcher Form wollen wir denn endlich anfangen, gebührenden politischen Einfluß zu nehmen, und sei es auch durch stärkere Repräsentanz in den Parlamenten, die ja letztlich die Normen setzen, in denen wir uns zu bewegen haben?

Herr Esser:
Es ist sicherlich richtig, daß wir in den Parlamenten – ich denke dabei nicht nur an den Bundestag, der vorzugsweise im Vordergrund steht, sondern auch an die Landtage, an die Kreistage, an die Stadtverordnetenversammlungen – unterrepräsentiert sind. Seit Jahrzehnten wird versucht, diesen Zustand zu beeinflussen, zu verändern, ein höheres Maß an Aufgeschlossenheit zu erzeugen. Wir müssen, glaube ich, objektiv einräumen, daß dies für den Unternehmer und den unternehmerisch Tätigen eine Entscheidung ist, die ihm schwerer fällt als in anderen Bereichen.
Herr Merkle hat heute morgen von dem hohen Beamtenanteil im Bundestag gesprochen. Dieser Gruppe fällt es selbstverständlich viel leichter, die Entscheidung zu treffen, in die Politik zu gehen, was für viele von ihnen im übrigen nur eine materielle Verbesserung gegenüber dem, was sonst erreichbar wäre, darstellt.
Die Gewerkschaftsziffer, die heute morgen Herr Merkle nannte, wenn ich das richtig verstanden habe, hat er eine kleine Einschränkung dabei angebracht, nämlich die, daß man aus der reinen Mitgliedschaft – und das war jedenfalls der Sinn, den ich glaubte, heraushören zu können –, daß die reine Mitgliedschaft natürlich noch nicht, wie soll ich sagen, die Betätigung im gewerkschaftlichen Sinne einschließt. Man darf das mit aller Gewißheit nicht unterschätzen, weil die Frage ja offen ist, wie weit der Bundestag die Repräsentanz des Volkes ist. Man darf es nicht unterschätzen, man darf es vielleicht aber auch nicht überschätzen. Die Frage, was bewirkt wird, Sie sprachen von Sympathieträgern, wenn ich mir das Jahr 1984 ansehe, wenn ich dabei einbeziehe die veröffentlichte Meinung im ganzen bei nicht geringen Unterschieden im einzelnen

selbstverständlich, und wiederum mit großen Unterschieden zwischen den gedruckten Medien und den elektronischen Medien, hier wieder mit Unterschieden zwischen Fernsehen und Rundfunk, dann habe ich den Eindruck, daß der unternehmerische Standpunkt sich in einer so wesentlichen Frage wie der Arbeitszeitpolitik, die eigentlich ja eine Frage der Arbeitsmarktpolitik sein sollte und sein müßte, daß sich der unternehmerische Standpunkt in einer außerordentlich erfolgreichen Art artikuliert hat. Sonst wäre ja nicht denkbar, meine Damen und Herren, daß die Mehrheit des Volkes einer Wochenarbeitszeitverkürzung eindeutig und unbestritten ablehnend gegenübergestanden hätte, eine Auffassung, die bis zum Abschluß des Tarifvertrages oder der Tarifverträge beibehalten worden ist.

Die letzte Bemerkung: Wenn ich an die beiden großen Parteien denke, so haben wir es mit Volksparteien zu tun. Volksparteien haben natürlich nicht nur Vorzüge, sondern sie haben auch Nachteile, aber zu den großen Vorzügen gehört selbstverständlich, daß ein inneres Austarieren von Gewichten erfolgt. Ein Nachteil ist, daß sie schwerer beweglich sind und eine Gefahr besteht darin – und das gilt für die gesamte Politik –, daß man dann, wenn Entscheidungen getroffen werden sollen, sagt, dazu besteht eine politische Notwendigkeit. Die Gefahr sehe ich darin, daß sich zwischen dieser Behauptung der politischen Notwendigkeit und dem sachlich Richtigen eine breite Distanz ergeben kann. Überspitzt ausgedrückt: Wenn die sachlichen Begründungen nicht ausreichen, dann greift man zu den Mitteln der politischen Notwendigkeit, den politischen Erfordernissen. Aber wir müssen uns, auch als Unternehmer, diesen Dingen stellen.

Eine letzte Bemerkung: Wenn ich einmal von der politischen Betätigung im Rahmen einer Partei, im Rahmen von Institutionen, absehe, so ist es doch so, daß eine große Anzahl von Unternehmen im politischen Sinne tätig ist, man kann ja diesen Begriff nicht einengen auf Institutionen und auf Parteien. Am Schnittpunkt von Wirtschafts-, von Gesellschafts-, von Sozial- von Tarifpolitik, Steuerpolitik usw. sind viele Menschen, viele Unternehmer tätig, und das halte ich für einen ganz wesentlichen Beitrag zur politischen Gestaltung unseres Landes.

Dr. Herrhausen:

Ich würde gern, Herr Esser, wenn Sie gestatten, hier noch eine Zusatzbemerkung machen, und zwar als jemand, der im Bereich der Politikberatung intensiv beschäftigt ist.

Zunächst mal ein Grundsatz: Ich glaube, meine Damen und Herren, wir dürfen nicht übertreiben mit der Forderung, Unternehmer müßten sich politisch betätigen, dadurch, daß sie in Parlamente gehen. Das ist so ein bißchen abseits der Erkenntnis, daß dies ja bedeuten würde, Theaterkritiker müßten auch die besten Stücke schreiben. Kritik und Aktion sind zwei unterschiedliche gesellschaftspolitische Funktionen, und ich meine, wir sollten sie nicht über Gebühr miteinander vermengen.

Im übrigen beschäftigen mich seit langem zwei Phänomene, die eigentlich Anlaß genug sind, optimistisch zu sein und nicht pessimistisch. Optimistisch im Sinne dessen, was Sie gesagt haben.

Das erste Phänomen ist der 6. März 1983. Nach einer langen Zeit sozialdemokratisch gestalteter Politik zugunsten, jedenfalls vordergründig gesehen, zugunsten des einzelnen Bürgers – die Klage, die wir führen über das viel zu engmaschig gespannte soziale Netz, über die viel zu ausgedehnte Staatstätigkeit, über die öffentlichen Hilfen und Subventionen – das ist ja alles nur erklärlich, wenn man sich ins Gedächtnis zurückruft das Ergebnis von zwölf Jahren sozialliberaler Koalition. Ich will hier keine Parteirede halten, um Gottes Willen nicht. Das ist ein Phänomen, das trotz der Einstellung der Medien, Herr Esser hat darauf hingewiesen, zwischen 60 und 70 Prozent der Medien sind der jetzigen Koalition nicht gerade wohlwollend gesonnen und artikulieren Meinungen, die eher auf der anderen Seite des politischen Spektrums angesiedelt werden müssen. Trotz der Einstellung dieser Medien, trotz der Beeinflussung, trotz der Einschüchterung sogar hier und da, hat es diesen Wahlentscheid des 6. März gegeben.

Und das zweite Phänomen, das wir nicht übersehen dürfen, ist dieses: Nicht die Koalitionsparteien befinden sich in einem desolaten Zustand – trotz der – lassen Sie mich das ruhig trivial einmal so nennen – Geschwätzigkeit mancher Angehöriger dieser Koalitionsparteien, die diesen Eindruck manchmal erwecken. In einem desolaten Zustand befindet sich die Oppositionspartei. Ich meine jetzt nicht die Grünen, das ist ein Phänomen für sich. Das heißt die Partei, die eigentlich von dem Marsch durch die Institutionen – sowohl was ihre faktische Macht als auch, was ihre Geschlossenheit anbelangt – profitieren müßte, kann ein solches Ergebnis nicht vermeiden. Ich meine, man darf das nicht übersehen, man sollte das als einen Anlaß nehmen zum optimistischen Weitermachen, sei es im Bereich der parteipolitischen, kommunalpolitischen oder landespolitischen oder gar bundespolitischen Betätigung, sei es im Bereich der politischen Beratung an der Schnittstelle zwischen kompetentem Sachverstand und politischer Vision.

Herr Mauser:

Ich möchte nochmal zurückkommen auf das Grundproblem des heutigen Nachmittags: Wie kann man Menschen aus der Arbeitslosigkeit in den regulären Arbeitsprozeß wieder eingliedern? Das scheint mir doch ein ganz wesentliches Problem unserer überzogenen Kündigungsschutzgesetzgebung zu sein.

Wir Unternehmer sehen uns konfrontiert, in Momenten, wo es dem Unternehmen schlecht geht, mit fast unüberwindlichen Schwierigkeiten Mitarbeiter zu entlassen, die dann zu einer hohen Kostenunterdeckung führen, weil wir sie durchschleppen müssen, oder wir landen vor Arbeitsgerichten, haben dort teure Arbeitsgerichtsprozesse zu führen, und meistens wird dort kein Recht mehr gesprochen, sondern es wird ja eigentlich nur noch darüber – lassen Sie es mich so flapsig sagen – darüber gekungelt, wie hoch die Abfindungszahlung ist, damit man sich dann trennt. Das führt in der Konsequenz dazu, daß, wenn es dem Unternehmen wieder gut geht, man alles tut, um die Aufträge abzuarbeiten, aber nicht etwa dadurch, daß man neue Mitarbeiter einstellt – man sieht ja das Risiko vor sich –, sondern man fährt Überstunden, man beschäftigt Leihkräfte, man schließt vielleicht befristete Arbeitsverträge oder ähnliches. Die konkrete Frage dazu, Herr Esser, sehen Sie Ansatzpunkte, daß man gerade im tarifpolitischen und politischen Raum diesen sehr überzogenen Kündigungsschutz revidieren kann, so daß man da auch wieder flexibler Arbeitskräfte einstellen kann, auch unbefristet einstellen kann?

Herr Esser:

Der Kündigungsschutz ist in einer Zeit auf- und ausgebaut worden, in der es in der Bundesrepublik Vollbeschäftigung gab. Die Mauern sind, wie wir alle wissen, sehr hoch. Diese Mauern wirken schützend für die, die einen Arbeitsplatz besitzen und wirken abwehrend auf die, die einen Arbeitsplatz suchen. Trotzdem tut sich die Politik sehr schwer, hier Abänderungen herbeizuführen. Es ist nicht gelungen, in das Beschäftigungsförderungsgesetz auch den Kündigungsschutz in einer maßvollen Weise einzubeziehen, ihn flexibler zu machen, um eben die Entlastung am Arbeitsmarkt, die auch auf diesem Wege möglich gemacht werden muß zu erreichen. Andererseits müssen wir sehen, daß im Beschäftigungsförderungsgesetz die Befristung der Arbeitsverträge zeitlich verdoppelt werden wird – immer wieder, wenn der Entwurf, Herr Mauser, Wirklichkeit werden wird. Das muß ich voraussetzen. Es ist erreicht worden, daß das Abfeiern von Mehrarbeit, also eine zwingende Vorschrift, in diesem Gesetz nicht erscheint, was ja letztlich im Grund genommen zu einer Bewirtschaftung von Arbeitszeit geführt hätte.

Unsere Hinweise sind auch dahin gerichtet worden, daß wir sagten, dies kann alleine schon aus ordnungspolitischen Erwägungen doch von einer christlich-liberalen Regierung nun keineswegs gemacht werden oder man kann es gar von ihr erwarten. Sie wissen, daß es gewisse Erleichterungen bei der Sozialplangestaltung – das ist ja auch ein Beschäftigungshemmnis – geben soll. Das alles rechtfertigt sich immer unter dem Gesichtspunkt, daß wir Arbeitsuchenden den Zugang erleichtern möchten. Sie haben in einem früheren Beitrag von den Existenzneugründungen gesprochen. In solchen Fällen sind die befristeten Arbeitsverträge zeitlich noch besser ausgestattet worden als bei den bestehenden Unternehmen. Bei kleineren Unternehmen sehen die Dinge auch wieder ein bißchen anders aus. Es ist so, daß es eine Fülle von Ansätzen gibt. Natürlich kann die unternehmerische Wirtschaft sagen, das ist alles nicht rasch genug, das ist nicht genug an wirklichen Maßnahmen, aber Politik ist die Kunst des Möglichen. Ich denke, daß wir hier Fortschritte erzielen werden, erzielen können und ich möchte ausdrücklich dann, wenn der Entwurf in der Form im wesentlichen, in der er vorliegt, Gesetz werden sollte, dafür werben, daß wir von den Möglichkeiten auch Gebrauch machen, daß wir uns dem nicht versagen. Sowohl aus politischen als auch sozialen Gründen bin ich der Auffassung, daß wir hier mitziehen sollen und daß wir unsere Möglichkeiten ausschöpfen müssen.
Nochmals zum Kündigungsschutz: In seinen Kernbestandteilen wollen wir ihn ohnehin nicht verändern, aber in den Ausuferungen.

Frau Schraudolph:
Sie sprachen vorhin davon, Herr Esser, daß sich die Arbeitgeberseite sehr artikuliert hätte in der Öffentlichkeit. Ich bin da ganz anderer Meinung, ganz im Gegenteil. Ich finde, daß die Arbeitgeberseite sich meistens sehr in ihr Schneckenhaus zurückzieht. Sie sprachen auch davon, daß man die Gewerkschaften davor bewahren müsse, ihr Gesicht zu verlieren.
Es ist meiner Ansicht nach weit mehr so, daß die Arbeitgeberseite, das Management der Industrie, mehr und mehr Gefahr läuft, ihr Gesicht zu verlieren. Wenn man z. B. das Auftreten im Fernsehen nach Tarifverhandlungen beobachtet, dann schneiden meistens die Gewerkschaften recht gut ab, so wie sie sich der breiten Öffentlichkeit darstellen. Sie sprechen eine volksnahe Sprache, die Arbeitgeber ziehen den Kopf ein, als hätten sie etwas zu verbergen, und es ergreift einen – ich hätte beinahe gesagt – manchmal ein fast heiliger Zorn, wenn man das mitbeobachten muß, und mir wird da oft auch Recht gegeben von Leuten aus der Öffentlichkeit, sogar von den Medien. Das wollte ich mal zur Diskussion stellen.

Herr Esser:

Stichwort „Gesicht verlieren" – ich habe lediglich Erwägungen dazu angestellt. Wenn Sie der Meinung sind, daß die unternehmerische Wirtschaft in der Gefahr stehe, oder ich sage es einmal jetzt auf die konkrete Situation 1984 bezogen, gestanden habe, ihr Gesicht zu verlieren, dann muß ich darauf hinweisen, daß eine gründliche Analyse dieses völlig widerlegt, in einer Eindeutigkeit, wie wir es in der Vergangenheit nie erlebt haben. Das ist um so beachtlicher, Herr Dr. Herrhausen hat davon gesprochen, daß ja innerhalb der elektronischen Medien, die vielleicht im Vordergrund Ihrer Überlegungen stehen oder standen, eine bestimmte Gesinnungsherrschaft besteht, die nicht zugunsten der Wirtschaft spricht, sondern bei denen wir es mit einer linken seelsorgerischen Betreuung zu tun haben.

Was nun die Darstellung der Gewerkschaften angeht: Meine Damen und Herren, ich darf da vielleicht ein paar grundsätzliche Worte zu machen. Wenn Gewerkschaften polemisch auftreten, das tun sie ja in der Öffentlichkeit oft, oder auch gar demagogisch werden, dann wird das den Gewerkschaften nachgesehen. Wenn Unternehmer das gleiche tun würden, dann hätten sie mit einer solchen Nachsicht nicht eine Sekunde lang zu rechnen. Ich will das folgende Beispiel nennen: In einer Betriebsversammlung – und Sie alle haben irgendwann einmal eine Betriebsversammlung erlebt, jedenfalls die Männer unter uns haben das getan – ist es den dort sprechenden Gewerkschaftsvertretern möglich, polemisch und demagogisch zu werden. Der Unternehmer oder Unternehmensvertreter, der dort spricht, muß sich das streng verbieten, weil er beim Wort genommen wird. Das gleiche geschieht gegenüber den Gewerkschaftsvertretern, sofern sie sich so gerieren, nicht.

Ich glaube, wir haben ein außerordentlich wichtiges Gut, und das gebietet uns, dem radikalen Rechts und Links uns zu entsagen. Das ist nämlich die Glaubwürdigkeit dessen, was wir tun. Nun räume ich sofort ein: die Unternehmer sind nicht in erster Linie dafür ausgebildet worden, im Fernsehen aufzutreten. Das ist ja nicht ihre wirkliche Aufgabe. Es wäre schön, wenn wir mehr, und wenn Sie wollen, auch wenn wir – ich beziehe mich selbst ausdrücklich dabei ein – eine bessere Darstellung liefern könnten. Aber sie darf nicht zu Lasten der Glaubwürdigkeit unseres Standpunktes gehen. Wir müssen uns ein Höchstmaß von Sachlichkeit erhalten und, meine Damen und Herren, das fällt manchmal nun wirklich nicht leicht, sich so zu verhalten.

Aber auch hier haben wir Analysen angefertigt, wir prüfen ja die Echowirkung all dieser Dinge fortgesetzt, die insgesamt – ich drücke mich vorsichtig aus – nicht ungünstig für uns sind, sondern eher günstig sind.

Daß wir in der Öffentlichkeitsarbeit – das wiederhole ich – nicht genug tun können, dem pflichte ich bei, und wir müssen vielleicht in der unternehmerischen Wirtschaft stärker verstehen, welche ergänzende Rolle das Unternehmen, der lokale oder der Fachverband und/oder die Spitzenverbände spielen. Bestimmte Dinge können nur an einer bestimmten Stelle geleistet werden, und diese Komplementärfunktion, die ist vielleicht noch nicht in allen Bereichen so entwickelt, wie es eigentlich sein müßte, und wie ich es selbst mir wünschen würde. Ich glaube nicht, daß das ganz zutreffend ist, daß man sich ins Schneckenhaus zurückzieht. Und ich darf hier einmal ausnahmsweise persönlich werden: Ich habe nicht den Eindruck, in einem Schneckenhaus zu leben, sondern ich befürchte, daß ich mich mehr in einem Glashaus befinde, und zwar zwischen mehreren Stühlen, und mich dabei auch noch außergewöhnlich wohl befinden soll.

Herr Tauchnitz:
Ich möchte gern unterstützend etwas dazu sagen. Ich habe auch manchmal den Eindruck, daß die Unternehmerseite etwas schlecht wegkommt bei diesen Dingen. Aber bitte machen wir uns doch klar: Irgendein Militär hat einmal gesagt: Der Angriff schreibt dem Verteidiger das Gesetz des Handelns vor. Und der Angreifende ist ja immer die Gewerkschaft. Die Gewerkschaft hat immer eine Forderung, eine Forderung, die natürlich ganz primitiv ist mit der Frage „Willst du nicht mehr Geld?" – ja natürlich will jeder mehr Geld. Und diese Forderung läßt sich relativ gut publizistisch verkaufen. Und der Arbeitgeber ist immer in der Verteidigung, denn er will ja das Geld, was die andern fordern, nicht in diesem Maße bezahlen. Und da steht er schon mal publizistisch schlecht da. Also die Position, die wir verteidigen, ist immer eine, die erst einmal versuchen muß, die Sache abzuriegeln, und dann weichen wir ein Stück zurück, und dann gibt es also irgendwas, was wie Kompromiß aussieht oder auch wirklich einer ist. Also wir haben wirklich doch propagandistisch die unglücklichere Position.
Und das zweite ist: Die Rolle der Menschen, die in diesen beiden Bereichen tätig sind. Für den Arbeitgeber ist der Begriff „Solidarität" doch einfach nicht machbar. Wir sind doch als Unternehmer nur deshalb erfolgreich, weil wir Individualisten, weil wir aus einem Holz sind, das es uns gestattet, mit eigenen Ideen eigene Verwirklichungen zu machen, als Individualisten uns gegenüber einer Konkurrenz durchzusetzen, ichbezogen zu agieren und zu denken und zu handeln. Und die andere Seite, die hat die Solidarität, ein Wort, das auf der Straße entstanden ist. Die Gemeinschaft – gemeinsam sind wird stark – das sind vom Holze aus ganz

andere Menschentypen, und wir können nicht im freien Wettbewerb uns individuell als Unternehmer kämpferisch gegen die Konkurrenz und gegen eine Umwelt und gegen auch das Ausland individuell bewähren, und immer dann, wenn es um Tarifauseinandersetzungen geht, dann fassen wir uns unter die Arme und schon sind wir im gleichen Rhythmus solidarisch. Die anderen sind uns einfach in dem Begriff der Solidarität und der Eignung für die Solidarität überlegen. Und das ist das, was uns, glaube ich, die Möglichkeit gibt, gelegentlich das unglückliche Bild, das in der Öffentlichkeit über uns entsteht, ein bißchen zu verstehen, wahrscheinlich als unvermeidbar hinzunehmen.

Dr. Herrhausen:
Herr Tauchnitz, mir ist das ein bißchen zu timide, gestatten Sie mir, daß ich das sage. Ich finde, es geht hier nicht um Solidarität oder Nichtsolidarität, sondern um Vernunft und Unvernunft. Und da unser Standpunkt – jedenfalls in der diskutierten Auseinandersetzung – der richtige ist, kann man daraus eine ganze Menge an Zivilcourage ableiten. Ich würde mir auch manchmal wünschen, daß dies deutlicher wird in den Medien – sei es in den Printmedien oder sei es im Fernsehen. Unternehmer sind in diesem Problemfeld und in diesem Problemzusammenhang manchmal zu schnell auf Kompromisse aus, manchmal auch zu sehr auf Konsensus festgelegt und vertreten deshalb ihren Standpunkt nicht immer mit der notwendigen Aggressivität. Das ist kein Widerspruch zu dem, was Herr Esser sagt, aber eine kleine Bestätigung dessen, was hier vorgetragen worden ist. Ich glaube, wir dürfen ein wenig mehr Mut schöpfen aus der Tatsache, daß unsere ökonomischen Einsichten erwiesenermaßen – und die ganze Entwicklung der letzten zehn oder zwölf Jahre hat das ja gezeigt – erwiesenermaßen die richtigeren sind, und deswegen muß man wohl auch sich voll dahinterstellen. Ich würde vor der Solidarität der anderen Seite keine Angst haben, wenn ich sicher sein kann, daß meine Argumente stimmen. Sind Sie anderer Meinung, Herr Esser?

Herr Esser:
Nein, ich möchte ausdrücklich wiederum auf das Jahr 1984 abstellen. Es mag schon richtig sein, daß Unternehmer ihrer Natur nach nicht auf Solidarität angelegt sind. Aber im Jahre 1984 hat die Unternehmerseite eine Geschlossenheit gezeigt, wie wir sie früher in diesem Ausmaß, in dieser Festigkeit nicht gekannt haben. Das gibt Hoffnung und das gibt Mut für die Zukunft. Es kann ja keinem Zweifel unterliegen, eine Forderung, Solidarität herzustellen, das ist eine relativ einfache Geschichte. Eine Bewilligung, Solidarität zu gewinnen, das ist eine

schwierige Sache, weil die Interessenlagen von Unternehmen zu Unternehmen, von Wirtschaftszweig zu Wirtschaftszweig – denken Sie an die gesamte Spannweite, mit der wir zu tun haben, von der Landwirtschaft über die Industrie bis zu Banken, Versicherungen usw., verschieden sind. Eine letzte Bemerkung: Ich empfehle jedem, Clausewitz zu studieren, glauben Sie mir, es zu studieren, nicht nur zu lesen, und man erfährt durchaus Interessantes über die Vorzüge der Verteidigung.

Herr Schraudolph:
Ich möchte gern einräumen, daß wir die schlechtere Ausgangsposition haben, und bin mit Herrn Tauchnitz hier einer Meinung. Aber ich bin keineswegs seiner Meinung und auch nicht Ihrer Meinung, Herr Esser, daß wir uns nur immer verteidigen sollten. Weshalb denn? Wir haben doch heute nachmittag gehört wie viele Dinge es zu verändern gäbe. Sie, Herr Herrhausen, haben uns gesagt, wir sollten mit unseren guten Argumenten auch den Mut aufbringen. Warum sind wir dann nicht stärker initiativ? Warum gehen wir nicht auch einmal zum Angriff über? Es muß nicht immer nur die Verteidigung sein.

Dr. Herrhausen:
Vorzüge des Angriffs – dann können wir das zusammen mit Clausewitz zu einer Deckung bringen.
Meine Damen und Herren, weitere Wortmeldungen sehe ich zur Zeit nicht. Ich bin gebeten worden, pünktlich Schluß zu machen. Die Tatsache, daß wir diese Zeit fast ausgefüllt haben, beweist zweierlei: 1. daß es eine rege und 2. daß es eine sehr intensive Diskussion gewesen ist. Ich möchte das beides mit besonderer Freude betonen. Ich habe eigentlich noch nie bei einer Moderation – und hier und da muß ich moderieren – ein solches Auditorium gefunden wie heute nachmittag. Und das ist nicht nur so gesagt, sondern auch wirklich so gemeint. Ich freue mich besonders, daß die Diskussion erwiesen hat, was ich erwartete, daß Herr Esser mit seinem Vortrag die Grundlagen gelegt hat für das, was dann wie das Tüpfelchen auf dem I praktiziert wurde. Aus diesem Grunde möchte ich zunächst einmal Herrn Esser recht herzlich danken für seinen Vortrag und für die Art und Weise, wie er Ihnen Rede und Antwort gestanden hat.
Es sind sicherlich nicht alle Fragen, die Sie bewegen, beantwortet worden, Sie gehen auch ganz gewiß nicht beruhigt nach Hause, meine Damen und Herren. Vielleicht empfinden Sie auch ein zwiespältiges Gefühl wie ich es empfinde, wenn Sie Revue passieren lassen, was uns heute nachmittag intellektuell aufbereitet worden ist. Auf der einen

Seite, glaube ich, würde Karl Marx fröhliche Urstände feiern, wenn er feststellen könnte, daß wir alle der Meinung sind, der Mensch wird durch die ökonomischen Umstände konstituiert, in die er hineingestellt ist. Auf der anderen Seite haben wir aber auch empfunden, daß es darüber hinaus vieles andere gibt, was uns konstituiert. Ich habe gerade in einem Aufsatz der Frankfurter Allgemeinen Zeitung vom 18. September gelesen, daß der Züricher Philosoph Hermann Lübbe die Schattenwirtschaft keineswegs als Krisenzeichen der Industriekultur, sondern als kostbare Chance zur Wiederherstellung des Glücks, wieder 65 Stunden arbeiten zu dürfen, bezeichnet hat.

Sie sehen, wir verfahren halt trotz aller eingeschränkten Flexibilität immer noch nach dem Motto: Der Ernst des Lebens muß auch Spaß machen – und ich glaube, daß wir eine Auflösung nur in dem Sinne finden, wie Herr Esser es angesprochen hat, indem wir nämlich die Freiräume, in denen mehr staatliche, mehr individuelle, mehr kooperative Flexibilität praktiziert werden kann, erweitern. Ich empfehle Ihnen, so wie Herr Esser, das Buch von Clausewitz, das Buch von Hajek, dem einzigen Nobelpreisträger deutscher Zunge für Nationalökonomie „Organisation und Ordnung“, in dem Hajek die Ordnung als das dynamische Prinzip der ständigen Anpassung und die Organisation als das verkrustete Prinzip einer vorgegebenen Organisation oder einer vorgegebenen Struktur bezeichnet. Hier wird deutlich, daß wir nicht mit den Problemen fertigwerden können, wenn wir mehr organisieren, sondern wenn wir weniger organisieren. Und das ist wohl die Quintessenz dessen, was Herr Esser gesagt hat: Wir brauchen nicht mehr Staat, zwar einen starken, aber wir brauchen weniger Staat, was seine Aufgaben und Interventionen anbelangt.

Ich möchte zum Schluß aber ganz besonders Ihnen danken, meine Damen und Herren, dafür, daß Sie diese Diskussion zu einem Erlebnis gemacht haben, sowohl für uns beide hier oben als auch für die vielleicht besonders intensiv, aber schweigenden Zuhörer, und natürlich auch für alle, die die Diskussionsbeiträge geleistet haben. Ich glaube, es ist erwiesen, daß die Veranstaltung zu Recht stattgefunden hat und daß es eine gute Wahl war seitens der Veranstalter, dieses Thema und diesen Vortragenden zu präsentieren.

Ich wünsche Ihnen für den geistigen Nachvollzug ebenso viel Faszination, wie sie heute nachmittag hier deutlich geworden ist, und eine Menge Anregungen, mit denen Sie vielleicht an der Lösung dieses Problems zu Hause in Ihren jeweiligen Kreisen mit teilnehmen können.

Arbeitskreis III

Europa und seine Probleme

Referent: Botschafter Franz Joachim Schoeller, Paris
Diskussionsleiter: Dr. Dieter Spethmann, Thyssen AG
Diskussionsteilnehmer:

Dr. Gustav Bunge, Deutsches Institut zur Förderung des industriellen Führungsnachwuchses
Prof. Dr. Ulrich Everling, Gerichtshof der Europäischen Gemeinschaften
Kurt Harbodt, Montangesellschaft mbH
Götz Knappertsbusch, Commerzbank AG
Helmut Koepchen, Hövelmann GmbH & Co. KG
Dr. Günter Lipphardt, Hoechst AG
Gert Maibücher, Rechtsanwalt
Dr. Klaus Trouet, Hoechst AG
Prof. Dr. Ralph Winnes, Daimer-Benz AG

Dr. Spethmann:
Herr Botschafter Schoeller, amtierender deutscher Botschafter in Paris, hat sich freundlicherweise bereit erklärt, die Einleitung zu geben. Er hat diese Einleitung so angelegt, daß in die Fülle der Einzelprobleme und in ihre vielfältige wechselseitige Verstrickung ein möglichst überschaubares System kommt. Herr Schoeller, Sie haben das Wort.

Herr Schoeller:
Bei der Frage – was ist Europa? – stoßen wir auf Definitionsschwierigkeiten. Nach den Worten von Karl Jaspers ist Europa eine Synthese von antiker Welt und Bibel, womit er auf die Überzeugungen und Grundwerte hinweist, die auch unsere heutigen Verhaltens- und Denkweisen bestimmen. Danach dürfen wir die Erhaltung und Entfaltung des Individuums und die Notwendigkeit der Pluralität des menschlichen Zusammenlebens, d. h. den Begriff von Freiheit, Gerechtigkeit und Solidarität als Grundlagen unserer europäischen Lebensauffassung ansehen.
Europa ist aber auch ein Erdteil. Geographisch ist es die Fortsetzung der asiatischen Landmassen, eine Ansammlung von kleinen und mittleren Staaten, politisch durch die beiden Supermächte in zwei Einflußsphären geteilt.
Mit der Feststellung dieser Aufteilung stelle ich gleichzeitig fest, daß

Europa seine traditionelle Führungsrolle in der Welt spätestens nach dem zweiten Weltkrieg verloren hat. Die militärisch überlegenen Kraftzentren befinden sich in Washington und in Moskau. Historisch ist Europa der Platz von Auseinandersetzungen, Entscheidungen und Entwicklungen, die die heutigen Gegebenheiten auf dem Erdball erheblich beeinflußt oder bestimmt haben.

Mit der Zweiteilung nach 1945 haben die osteuropäischen Staaten ihre selbständige Stimme im europäischen Konzert verloren. Sie existieren jedoch nach wie vor. Die westeuropäischen Staaten konnten dank des amerikanischen Schutzes und der freiheitlichen amerikanischen Lebensauffassung nach dem zweiten Weltkrieg ihre demokratischen Regierungsformen wiedererwerben bzw. erhalten und ihre geistigen wie wirtschaftlichen Kräfte nutzen. Über ihre Sorgen und Hoffnungen werde ich sprechen. Vor allem in den Staaten der 1956 gegründeten Europäischen Gemeinschaft wurde ein in Europa nie gekannter Lebensstandard erreicht, ein Aufschwung, an dem auch die übrigen westeuropäischen Nachbarn teilnehmen.

Mit Beginn der siebziger Jahre kam das europäische wirtschaftliche Wachstum ins Stocken und hat sich seitdem nicht wieder in dem erhofften und notwendigen Umfang eingestellt. Wenn ich sage „notwendig", stellt sich die Frage nach dem „warum". Man könnte ja mit dem Ergebnis des Erreichten zufrieden sein und sich beschränken, wie dies auch bereits empfohlen wurde. Tatsächlich sind wir zum Wachstum verurteilt, weil wir nur dann unsere wirtschaftliche Spitzenstellung, unseren Lebensstandard halten, die Zahl der Arbeitslosen begrenzen bzw. wieder absenken können, weil wir nur dann die unseren ethischen Vorstellungen entsprechenden Pflichten gegenüber nachfolgenden Generationen, den älteren Menschen und gegenüber den Bedürftigen in anderen Erdteilen erfüllen können. Um diesem globalen Anliegen zu entsprechen, muß einmal die europäische Wirtschaft weiter wachsen, zum anderen eine möglichst weitgehende europäische politische Entscheidungsfähigkeit erhalten bleiben. Wachstum und Entscheidungsfähigkeit Europas sind interdependent und heute bedroht durch traditionelle und neu herangewachsene Gegenkräfte. Sie können uns den Verlust unserer Freiheit, unseres Lebensstandards und unserer europäischen Souveränität kosten. Sie können es unmöglich machen, unsere globalen sozialen Verpflichtungen zu erfüllen.

Die Bedrohungen, denen Europa ausgesetzt ist, sind militärischer, demographischer, ideologisch-politischer und wirtschaftlicher Natur. Militärisch stehen wir nur durch das Engagement der Vereinigten Staaten dem unserer Lebensordnung feindlich gesinnten Ostblock mit einigermaßen gleichgewichtigen Kräften gegenüber. Mit Kräften, die abschreckend wir-

ken und uns nicht erpreßbar machen. Es kommt darauf an, dieses Gleichgewicht zu erhalten, wenn möglich, auf dem niedrigsten Rüstungsstand, um die Gefahr eines Zusammenstoßes zu verringern und sonst militärisch gebundene Kräfte für die wirtschaftliche Entwicklung freizumachen.
Die europäische Geburtenrate ist außerordentlich niedrig. Nur ein Beispiel: 2025 wird es statt 54 Millionen Franzosen 58 Millionen Franzosen geben. Bei uns sind die Zahlen noch ungünstiger. Doch am Südrand des Mittelmeers wird die Bevölkerung von 125 Millionen auf 280 Millionen angestiegen sein. In Algerien gebärt zur Zeit jede verheiratete Frau cirka sieben Kinder. In der EG im europäischen Raum wird nicht einmal die Zahl zwei erreicht. Ganz abgesehen von dem Wachstum in den übrigen Weltteilen, wonach eine Bevölkerungszunahme auf 6 Milliarden Menschen bis zum Jahre 2000 zu erwarten ist.
Ideologisch sind wir in Europa nicht mehr so sehr durch den Marxismus bedroht, der genügend nachgewiesen hat, daß innerhalb eines marxistischen Systems die wirtschaftlichen, sozialen und politischen Probleme der menschlichen Gesellschaft nicht den westeuropäischen Vorstellungen und Erwartungen entsprechend gelöst werden können.
Heute ist es viel mehr die Verbreitung neutralistischer, pazifistischer und nihilistischer Vorstellungen, die uns gefährdet. Neutralismus und Pazifismus werden uns als Möglichkeit angeboten, von beiden Blöcken unabhängig zu werden, ohne daß man eine moralische Unterscheidung zwischen USA und der Sowjetunion macht. Angesichts der geographischen und militärischen Gegebenheiten könnte dies nur die Akzeptanz sowjetischer Ordnungsvorstellungen für Europa zur Folge haben.
Darüber hinaus ist neben dem modernen Kulturpessimismus eine gewisse Nachlässigkeit bei zahlreichen Europäern feststellbar in allen Dingen, die sie nicht unmittelbar materiell berühren. Beide Elemente zusammen haben zu einem Nachlassen des Willens zum Engagement für Gemeinschaftsprobleme, aber auch zu einem bedrohlichen Gruppenegoismus geführt. Randgruppen machen oft ein bestimmtes Problem zum einzigen Punkt ihrer politischen Aktivität, ohne Berücksichtigung der Komplexität und der Interdependenz der Lebensbedingungen.
Abgesehen von diesen inneren Bedrohungen wachsen aus Gebieten der dritten Welt ideologische Kräfte heran, die in ihrer Unerbittlichkeit unsere europäische liberale Lebensauffassung in Frage stellen.
Der islamische Fundamentalismus ist nicht nur eine Form des Protestes, sondern auch eine Aufforderung zur Aktion gegen die westliche Welt, wie die Ereignisse in Beirut in den letzten Monaten zeigen.
Im Wirtschaftsbereich hat Europa nach einer beispiellosen Entwicklung einen Zustand erreicht, der jedes weitere Wachstum schwieriger macht.

Damit komme ich zum materiellen Kern der europäischen Problematik, auf den ich ausführlich eingehen möchte.
Walter Rathenau hat vor über sechzig Jahren festgestellt: Die Wirtschaft ist unser Schicksal. Tatsächlich entscheidet die Wirtschaftskraft über den individuellen Lebensstandard und über die Möglichkeiten zur Sicherung des Gemeinwesens gegen äußere Einwirkungen. Mit einem Satz: sie entscheidet über die Chancen des Staates, günstige Daseinsvoraussetzungen für seine Bürger zu schaffen.
Seit Ende des ersten Weltkriegs mußte sich Europa dem wirtschaftlichen Wettbewerb mit den Vereinigten Staaten stellen. Diese Vergleichssituation ist seit einigen Jahren um Japan und weitere Staaten im pazifischen Raum, aber auch um lateinamerikanische Staaten, erweitert worden.
Unser wirtschaftliches Tun und Handeln wird an den Leistungen und kann an den Leistungen anderer Regionen gemessen werden. Hierbei stellen wir eine Wettbewerbsschwäche fest, was sich aus sinkendem Weltmarktanteil für europäische Industrieerzeugnisse und aus dem Absinken der Bedeutung europäischer Industriezweige ergibt.
Wir sehen uns einem wachsenden Defizit im Handel mit der pazifischen Region gegenüber. Die Weltmarktanteile von EG-Industrieerzeugnissen sinken in diesem Bereich besonders ab. Gleichzeitig steigt der Import von Fertigprodukten in den europäischen Wirtschaftsraum. Während wir 1972 noch 78 Prozent unseres Verbrauchs an elektrischen Geräten aus europäischer Fertigung bezogen, waren es 1980 nur noch 70 Prozent. Nur im Vergleich mit den USA stellen wir fest, daß Europa zwischen 1963 und 1983 ein Wirtschaftswachstum von 1,9%, die USA ein Wachstum von 2,4 Prozent hatten.
Die Industrieproduktion stieg zwischen 1973 und 1981 in Europa um 8 Prozent, in den USA um 16 Prozent. Zwischen 1973 und 1983 verloren die Europäer 3 Millionen Arbeitsplätze, in den USA wurden 14 Millionen neue Arbeitsplätze geschaffen. Wie war das größere Wachstum und die Schaffung von Millionen neuer Arbeitsplätze in den USA möglich? Die Antwort ist einfach: Im Durchschnitt stiegen die Realeinkommen der europäischen Arbeiter von 1970 bis 1983 um 30 Prozent, die ihrer amerikanischen Kollegen um 3 Prozent. Dies belastete die Rentabilität und damit die Investitionsbereitschaft der europäischen Unternehmen erheblich. Gleichzeitig – und nicht zuletzt durch soziale Ansprüche bedingt – weiteten sich die Budgets der europäischen Regierungen aus. 1960 betrugen die öffentlichen Ausgaben in Europa zirka 32,1 Prozent des Bruttosozialprodukts, 1982 ca. 50,8 Prozent. In den USA betrugen die öffentlichen Ausgaben 1960 27,8 Prozent, 1982 zirka 35,5 Prozent des Bruttosozialprodukts.

Gesteigerte soziale Ansprüche und gesteigerte öffentliche Ausgaben führten zu einer kumulativen Belastung der europäischen Volkswirtschaft und damit zu einer Schwächung der europäischen Investitionskraft. Hinzu trat das Bemühen, den einmal geweckten sozialen Ansprüchen immer wieder gerecht werden zu wollen, wobei man zu Abhilfen griff, die in Wirklichkeit keine sind. Staatliche Anleihen wurden nur noch teilweise zur Finanzierung von Investitionen des Staates verwendet. Ein steigender Anteil dieser Anleihen wurde benutzt, um die durch die Sozialausgaben entstandenen Defizite abzudecken. So ergab sich in den Jahren 1978 bis 1982 eine jährliche europäische Defizitverschuldung in Höhe von über 5 Prozent des europäischen Bruttosozialprodukts. Mit den öffentlichen Anleihen stiegen auch die Zinsraten, was wiederum zu einer Kreditverteuerung für die Unternehmen führte. Man betrieb Geldschöpfung und förderte damit inflationäre Tendenzen. Man erhöhte die Steuern und vergrößerte damit noch mehr die Unternehmensbelastungen, während man allerdings auch gleichzeitig zunehmend die Einkommen stärker beschnitt. Man gab also mehr Geld aus, als man erwirtschaftet hatte. Man übersah die Abhängigkeit der Verteilung von der Erzeugung, daß es höhere Einkommen nur gibt bei höherer Produktivität, und daß es Produktivität nur geben kann, wenn Kapital vorhanden ist, d. h. wenn Gewinne gemacht werden, um Investitionen durchzuführen. Investitionen aber sind die Voraussetzung für die Schaffung neuer Arbeitsplätze und damit neuer Einkommen. Zusammen darf man polemisch sagen, daß man die Zukunft der Gegenwart opfert.
Außer dieser allgemeinen negativen europäischen Entwicklung gibt es auch europaspezifische Faktoren, die ebenfalls negativ das europäische Wirtschaftsgeschehen beeinflussen.
Trotz der römischen Verträge von 1956 ist es bis heute nicht gelungen, einen einheitlichen europäischen Markt zu schaffen. Es gibt keinen völlig freien Verkehr von Kapital, Gütern und Dienstleistungen. Es gibt auch keine gemeinsamen Normen für die Industrie, es gibt kein einheitliches Wirtschaftsrecht, kein einheitliches Finanzsystem, es gibt keine harmonisierte Grundlagenforschung und es gibt keinen gemeinsamen europäischen Markt für die Vergabe öffentlicher Aufträge.
Der ehemalige Kommissar für den französischen Wirtschaftsplan, Michel Albert, hat ausgerechnet, daß jeder beruflich aktive Angehörige eines Gemeinschaftsstaates jährlich einen europäischen Wochendurchschnittslohn erarbeiten muß, um die Kosten zu bezahlen, die durch die Abfertigung des grenzüberschreitenden Warenverkehrs innerhalb der Gemeinschaft entstehen.
Das Absinken der Investitionskraft, des Investitionswillens, und damit

verbunden der Anstieg der Arbeitslosenziffern, vollzogen sich in den einzelnen europäischen Staaten durchaus unterschiedlich und haben sich auch sektoral unterschiedlich ausgewirkt.
Übrig bleibt, daß heute 11 Prozent der arbeitsfähigen und arbeitswilligen Bevölkerung der Europäischen Gemeinschaft ohne Arbeitsplatz ist. Die Bekämpfung der Arbeitslosigkeit ist damit neben der Erhaltung des Friedens zum wichtigsten europäischen Anliegen geworden. Unterschiedlich ist und verläuft auch entsprechend der volkswirtschaftliche Anpassungsprozeß der Industriestrukturen an die neuen technologischen Gegebenheiten, wobei die deutsche Industrie noch eine vergleichsweise gute Anpassungsfähigkeit gezeigt hat und zeigt. Aber auch bei uns gibt es sektorale Einbrüche, die bedeutungsschwer werden können. Wer hätte vor 20 Jahren geglaubt, daß die deutsche Kamera-Industrie – einst unbestritten führend in der Welt – heute nahezu verschwunden und die deutsche Unterhaltungselektronik – soweit sie nicht ein ähnliches Schicksal teilt – in fremde Hände übergegangen ist? Eine abgewogene Situationsskizze verlangt festzuhalten, daß das Jahr 1984 für uns Deutsche zu einem besonders vorteilhaften Exportjahr werden kann, wobei der günstige Dollarkurs erheblich zur Stärkung der deutschen Position auf dem Weltmarkt beigetragen hat. Bundesbankpräsident Pöhl hat die deutsche Exportwirtschaft vor einigen Tagen auch schon gewarnt, ständig von einem überhöhten Dollarkurs auszugehen und nicht langfristige Investitionsvorhaben in Angriff zu nehmen, die von einer unterbewerteten DM ausgehen.
Die Wiederherstellung der europäischen Wettbewerbsfähigkeit kann jedenfalls nicht von einer einmalig konjunkturell günstigen Situation ausgehen. Nur durch koordiniertes Zusammenwirken der einzelnen Staaten mit ihren Unternehmern und Arbeitern kann eine Tendenzwende herbeigeführt werden.
Was ist zu tun, damit Europa über die Vorteile eines gemeinsamen Marktes seine Wirtschaftskraft bündeln und damit den USA und anderen entwickelten Wirtschaftsräumen als gleichberechtigter Partner gegenübertreten kann?
Jede europäische Regierung ist verantwortlich für die Wirtschaftspolitik ihres Landes. Allen gemeinsam müssen folgende Zielsetzungen sein:

1. Die Erhaltung der Stabilität des Geldwerts, d.h. möglichst niedrige Inflationsraten
2. Die Absenkung der Budgetdefizite auf unter 3 Prozent des Bruttosozialprodukts
3. Ausgeglichene Leistungsbilanz

Werden diese Voraussetzungen erfüllt, wird sich zunächst einmal die wirtschaftliche Lage in den einzelnen Staaten konsolidieren.
Darüber hinaus sind in den europäischen Staaten günstige Rahmenbedingungen zu schaffen, um unternehmerische Initiativen freizusetzen und industrielle Innovationen zu erleichtern. Dies bedeutet den Abbau von marktverzerrenden Maßnahmen, seien es Subventionen für überaltete Industrien, seien es direkte oder indirekte Maßnahmen, die auf den Schutz eigener Industrien gegenüber dem ausländischen Wettbewerb hinauslaufen.
Es bedeutet die Förderung des Sparangebots für risikotragende Verwendung durch eine Verbesserung der Rendite für risikoreiche Anlagen im Verhältnis zu unproduktiven Placierungen.
Hinzu treten muß die Bereitschaft zu Anstrengungen im Bereich der Grundlagen und der angewandten Forschung der Erziehung, d.h. zur technikfreundlichen Ausbildung und zu einer entsprechenden Gesellschaftspolitik. Diese Gesellschaftspolitik muß für die Gleichheit der Startchancen ihrer Bürger sorgen und darf nicht auf die Erreichung gleicher wirtschaftlicher Ergebnisse für alle ausgerichtet sein. Diese Ziele müssen ihre übernationale Ergänzung in konvergierenden Wirtschaftspolitiken der einzelnen europäischen Staaten finden, um die Wirkung von Nationalmarktsteuerungsmaßnahmen nicht zu gefährden.
Die Beispiele der Bundesrepublik von 1978 bis 1981 und Frankreichs von 1981 bis 1983 zeigen, daß es nicht möglich ist, in einem Land der Gemeinschaft eine Politik der Nachfrageeinschränkung und in einem anderen Staat der Gemeinschaft eine Politik der Nachfrageausweitung durchzuführen, da hierdurch das gewünschte Ergebnis nicht erreichbar ist, es sei denn, man kehrt zu protektionistischen Maßnahmen zurück.
Mittelfristig kann sich auf der Grundlage dieser nationalen Entscheidungen die integrale Homogenisierung des europäischen Marktes durch Koordination der Wirtschaftspolitiken, der Industrie- und Forschungspolitik, des wirtschaftlich erheblichen Rechtswesens und die Vereinheitlichung der Normen ergeben. Langfristig haben wir dann die Aussicht, die beabsichtigte politische Zielvorstellung der Väter der römischen Verträge, nämlich die europäische Einheit, doch noch zu erreichen.
Abgesehen von den wirtschaftlichen Schwierigkeiten stehen auch psychologische Hemmnisse diesem Ziel entgegen. Der Gedanke der europäischen Einheit ist zur Zeit kein prioritäres Anliegen. Jeder Staat hat zudem die Tendenz, seinen Beitrag zu den Europäischen Gemeinschaften mit dem Gedanken des „juste retour", des gerechten Ausgleichs, zu verbinden. Unter diesem Begriff versteht der einzelne Mitgliedsstaat oder die einzelnen Mitgliedsstaaten mehrheitlich, daß sie unmittelbare,

materielle Vorteile von der Gemeinschaft erhalten, die über den eigenen finanziellen Beiträgen liegen. Wir bilden hierbei – wie im übrigen auch die Franzosen – eine Ausnahme. Wir sind uns bewußt, daß wir der größte Beitragszahler sind, wir sind uns aber auch der Vorteile bewußt, die wir aus unserer Zugehörigkeit zur Europäischen Gemeinschaft ziehen, Vorteile, die nicht in Mark und Pfennig ausgedrückt werden können.
In diesem Zusammenhang ist auch darauf hinzuweisen, daß bei Gemeinschaftsprojekten im Forschungsbereich die Tendenz besteht, den kurzfristigen wirtschaftlichen oder technologischen Vorteil in das eigene Land zu ziehen. Der kann nur gesteuert werden, wenn man sich dazu entschließt, bereits im vorkommerziellen Raum gemeinsame Vorstellungen über die Zukunft zu entwickeln. Ähnliches gilt für technologieträchtige und kapitalintensive Projekte im Produktionsbereich, beispielsweise bei der Entwicklung und bei der Herstellung gemeinsamer Waffensysteme.
Im vergangenen Jahr haben sich auch wieder positive Tendenzen bemerkbar gemacht. In der verantwortlichen politischen Klasse Europas wächst die Erkenntnis, daß gemeinsames Handeln geboten ist, um den wirtschaftlichen Niedergang Europas umzukehren. Frankreich hatte vom 1. Januar bis 30. Juli dieses Jahres die Präsidentschaft im Rahmen der europäischen politischen Zusammenarbeit.
Der französische Präsident zeigt ein erhebliches Engagement, nicht nur um die Tagesprobleme, insbesondere die Frage des britischen Beitrags zu lösen, sondern auch um langfristig die europäische Zusammenarbeit zu fördern. In seiner Ansprache vor dem europäischen Parlament, Ende Mai in Straßburg, stellt er sich hinter das Projekt eines Vertrages über die europäische Union, das von der europäischen Versammlung am 14. Februar dieses Jahres angenommen wurde.
Hierbei erwähnt er ausdrücklich die Ausweitung des Rahmens der Zusammenarbeit über die Wirtschaftspolitik hinaus, bis hin zu einer abgestimmten europäischen Außen-, Sicherheits-, Industrie- und Forschungspolitik. Er empfahl ferner eine vermehrte Anwendung von Mehrheitsbeschlüssen, die Stärkung der Autorität des Ministerrats und der Kommission, die Errichtung eines ständigen Sekretariats zur Behandlung politischer Themen sowie eine bessere Zusammenarbeit zwischen Rat und Versammlung im europäischen Rat und im Ministerrat.
In den einzelnen Mitgliedsstaaten wurden diese französischen Anregungen, die ja Einschränkungen der nationalen Bestimmungsfreiheit bedingen, unterschiedlich aufgenommen, von der Bundesregierung jedoch sofort bejaht, da sie unseren Vorstellungen über die künftige Gestaltung der Beziehungen der europäischen Staaten untereinander gerecht werden.

Die differenzierte Reaktion der einzelnen Regierungen macht unterschiedliche europäische politische Einstellungen transparent. Für die Fortschritts- und Gemeinschaftswilligen stellt sich die Frage, ob sie warten wollen, bis auch die Regierungen und die öffentliche Meinung in den übrigen Mitgliedsstaaten gemeinschaftsbewußter werden, oder ob sie sich schon jetzt enger zusammenschließen, um den von mir dargestellten wirtschaftlichen und politischen Zielen näherzukommen.
Für Deutschland und Frankreich handelt es sich nicht mehr um das „ob" eines engeren Zusammenschlusses, auch nicht um das „mit wem". Wir wünschen keine deutsch-französische Exklusivität, sondern wir wünschen, den Prozeß der europäischen Einigung mit jedem einigungswilligen Staat gemeinsam zu fördern.
In diesem europäischen Kontext ist zum privilegierten deutschen Verhältnis folgendes festzuhalten:
Deutschland und Frankreich haben 1983 das zwanzigjährige Bestehen des Elysee-Vertrages gefeiert. Wenn sich auch die Hoffnungen des Präsidenten de Gaulle und des Bundeskanzlers Adenauer nicht restlos erfüllt haben und man heute noch nicht von einer deutsch-französischen Einheit ausgehen kann, so hat doch dieser Vertrag eindrucksvolle Ergebnisse gezeigt. Ein unseliger Zeitabschnitt in der Geschichte der Beziehungen beider Völker zueinander wurde abgeschlossen. De Gaulle und Adenauer versöhnten mit ihren Initiativen Frankreich und Deutschland und gaben ihren Völkern gleichzeitig eine gemeinsame Zukunftsperspektive, die heute, zwanzig Jahre später, von der überwiegenden Mehrheit der Franzosen und der Deutschen getragen wird. Schwerwiegende bilaterale Probleme gibt es zwischen Frankreich und Deutschland heute nicht mehr. Es gibt aber auch kaum eine weltpolitische Frage, kaum eine europäische Frage, die nicht im Rahmen der deutsch-französischen Zusammenarbeit behandelt wird. Regierungswechsel haben die Kontinuität dieser zwischen Deutschland und Frankreich entstandenen Beziehungen nicht beeinflußt. So haben Brandt und Pompidou, Giscard d'Estaing und Schmidt die Kontakte ihrer Vorgänger ebenso selbstverständlich fortgesetzt und intensiviert wie Bundeskanzler Kohl und Staatspräsident Mitterand in den beiden letzten Jahren. Überlegungen, daß Europa sich nur dann weltpolitisch behaupten und Einfluß ausüben kann, wenn es mit einer Stimme spricht, ist zu einer festverankerten Überzeugung der politischen Kräfte in unseren beiden Staaten geworden. Wann immer Frankreich und Deutschland ihre Standpunkte zur Übereinstimmung brachten, kam dies der europäischen Einigung zugute.
Historische Beispiele dafür sind die Gründung der Montan-Union und die Unterzeichnung der römischen Verträge. Auch für den Beitritt

Großbritanniens und die Erweiterung der Zehnergemeinschaft war die deutsch-französische Übereinstimmung entscheidend. Der Europäische Rat der Staats- und Regierungschefs, der sich seit 1974 dreimal jährlich trifft, beruht maßgeblich auf Initiativen von Helmut Schmidt und Valéry Giscard d'Estaing. Das 1979 geschaffene europäische Währungssystem EWS, das für die monetäre und wirtschaftliche Stabilität der Mitglieder der Europäischen Gemeinschaft gerade in der jetzigen Situation große Bedeutung hat, könnte ohne Frankreich und Deutschland nicht funktionieren. Gleiches gilt auch für die in diesem Jahr zum zweiten Mal durchgeführte Direktwahl zum Europäischen Parlament. Die Süderweiterung der Gemeinschaft, die als nächstes verwirklicht werden soll, kann nur auf der Grundlage eines engen deutsch-französischen Zusammenwirkens erfolgen. Gleiches gilt für die Reaktivierung der westeuropäischen Union, womit das europäische Standbein der Nato gestärkt werden soll. Hierauf werde ich gleich noch einmal näher eingehen.
Um das Europa der Bürger für den Einzelnen erlebbar zu machen, haben der deutsche Bundeskanzler und der französische Staatspräsident in diesem Jahr anläßlich der 43. deutsch-französischen Gipfelkonsultation in Rambouillet eine bedeutsame Entscheidung getroffen: Für Angehörige der Europäischen Gemeinschaft sind die Kontrollen an der deutsch-französischen Grenze im Personenverkehr weitgehend abgeschafft worden. Entsprechende Absprachen mit den Beneluxländern werden folgen. Mit Österreich ist auch schon ein EFTA-Land diesem Beispiel gefolgt.

Enge deutsch-französische Zusammenarbeit wird auch künftig maßgebliche Antriebskraft der Europapolitik bleiben. Vorrangige Aufgabe deutsch-französischer Zusammenarbeit ist die Annäherung in der Wirtschaftspolitik. Ich bin bereits hierauf eingegangen. Frankreich und Deutschland haben in diesem Bereich besondere Verantwortung unter den europäischen Staaten. Die immer engere Verflechtung der deutschen mit der französischen Wirtschaft, die Interessengegensätze abbaut, und die deutsch-französische technologische Zusammenarbeit sind wesentliche Schritte auf dem Weg zu einer gemeinsamen europäischen Wirtschafts- und Industriepolitik. Erfolgreiches deutsch-französisches Beispiel ist die Airbus-Familie A 300, A 310 und bald auch, hoffentlich A 320. Dabei wird es darauf ankommen, das bereits bestehende dichte Netz der kulturellen und wissenschaftlichen Beziehungen mehr als bisher in den Dienst dieser Ziele zu stellen. In diesem Zusammenhang kann gar nicht genug gemahnt werden, dem Rückgang in der gegenseitigen Sprachkenntnis Einhalt zu gebieten. Oft werden Möglichkeiten der Kooperation nicht genutzt oder scheitern gar, weil es an dem erforderlichen Vertrautsein mit der Mentalität des Partners mangelt. Das Verständnis der Psychologie des andern führt aber über die Sprache. In Frankreich wie in der Bundesrepublik Deutschland ist die Überzeugung gewachsen, daß die Fortentwicklung des Binnenmarktes in der Gemeinschaft und Offenhalten der Außengrenzen der Gemeinschaft in keinem Widerspruch zueinander stehen. Der internationale Handel muß nach der Auffassung beider Regierungen seine Aufgabe bei der Wiederbelebung der Weltwirtschaft, der Erhaltung der Wettbewerbsfähigkeit unserer Industrie und der Schaffung dauerhafter Arbeitsplätze weiter erfüllen können.

Der Förderung der Entwicklung neuer Technologien in der Bundesrepublik wie in Frankreich kommt – wie bereits festgestellt – Bedeutung für die Stellung Europas als Wirtschaftspotential zu. Es seien hier erwähnt der Fernsehsatellit „Symphonie“, der vorgesehene gemeinsame Betrieb eines Hochflußreaktors, die gemeinsame Nuklearforschung im Max von Laue-Paul Langerin-Institut in Grenoble, und die Zusammenarbeit bei der Entwicklung neuer Reaktoren.

Als ein von den Europäern unter deutsch-französischem Einfluß gemeinsam getaner Schritt in diese Richtung ist das unter der Bezeichnung „Esprit“ in Gang gesetzte strategische Forschungsprogramm in den Informationstechnologien anzusehen. Es zielt auf Durchbrüche in der informationstechnologischen Forschung und Entwicklung in den Bereichen Mikroelektronik, Informationstechnologie und Telekommunikation ab.

Begünstigt wurde durch dieses Programm beispielsweise die Zusammenarbeit zwischen Siemens und Philips in der Entwicklung der Technologie für höchstintegrierte Schaltkreise, wie den Megabitspeicher und das neue Forschungszentrum für fortgeschrittene Computertechnologie in München, das die drei europäischen Firmen für Großcomputer Siemens, Bull und ICL Ende letzten Jahres gegründet haben. Ergänzt werden diese Anstrengungen durch neue Ansätze im zwischenstaatlichen Bereich, wie etwa im Falle der gemeinsamen Entwicklung und Einführung eines technologisch forgeschrittenen Telefons durch die Bundesrepublik Deutschland und Frankreich. Die Raumfahrtprojekte „Ariane“ und „Spacelab“ zeigen, daß europäische Zusammenarbeit im hochtechnologischen Bereich einen den USA vergleichbaren Leistungsstandard erreichen kann. Die eventuelle Beteiligung an einer Raumstation ist von der Weiterentwicklung der „Ariane“ nicht trennbar, wenn man nicht in Kauf nehmen will, völlig vom Space Shuttle, und damit von den USA, abhängig zu werden. Die hier notwendigen Entscheidungen sind von großer Tragweite für die wirtschaftliche und politische Zukunft Europas und auch für die Weiterentwicklung der deutsch-französischen Zusammenarbeit.

Beim Abschluß des deutsch-französischen Vertrags war manche Kritik auch von unseren Partnern in der Europäischen Gemeinschaft zu hören. Man sah in dem Vertrag einen Rückfall in Allianz-Denken und erblickte in ihm eine Gefahr für die Europäische Gemeinschaft. Diese Kritik ist inzwischen in Europa und auch in den USA verstummt. Heute wird die deutsch-französische Zusammenarbeit innerhalb und außerhalb Europas als natürliche Gegebenheit empfunden und akzeptiert.

Hier möchte ich einige Feststellungen zur sicherheitspolitischen Zusammenarbeit zwischen beiden Staaten machen. Politisch wie geographisch an der Schnittlinie des West-Ost-Gegensatzes liegend, ist und bleibt die Bundesrepublik Deutschland dem doppelten Auftrag verpflichtet, wonach glaubwürdige Abschreckung, verbunden mit kooperationsbereiter Entspannung, Pfeiler europäischer Friedenssicherung sind.

Ich kann hier nicht auf die verschiedenen verteidigungspolitischen Anstrengungen und der Entspannung dienenden Verhandlungsrunden im einzelnen eingehen, über die jedenfalls, sowohl im Rahmen der Nato, der europäischen politischen Zusammenarbeit als auch bilateral enge Abstimmungen zwischen Bonn und Paris bestehen, sondern möchte wiederum auf den spezifisch deutsch-französischen Beitrag abstellen.

Mitte dieses Jahres ist die erste Verhandlungsrunde der in Stockholm einberufenen Konferenz für vertrauensbildende Maßnahmen und Abrüstung, kurz: KVAE genannt, zu Ende gegangen. Sie ist französischer Initiative zu verdanken und versteht sich als dynamische Fortsetzung des KSZE-Prozesses. Ihr galt von vornherein die nachhaltige Unterstützung der Bundesrepublik. Eines der Wesensmerkmale der deutsch-französischen Beziehungen besteht in ihrer Fähigkeit zur Weiterentwicklung.

Dies hat sich jüngst angesichts der verstärkten von der Sowjetunion ausgehenden Bedrohung gerade auch auf dem Gebiet der Sicherheitspolitik erwiesen. Unvergessen ist die Erklärung Präsident Mitterands vor dem Bundestag, am 20. Januar 1983, indem er sich voll hinter den Nato-Doppelbeschluß stellte, da er das strategische Gleichgewicht in Europa durch die sowjetischen Mittelstreckenraketen bedroht sieht.

Der deutsch-französische Vertrag hatte zwar die Zusammenarbeit zwischen beiden Staaten in der Sicherheitspolitik als einen seiner Kernbereiche aufgeführt, dazu ist es jedoch erst seit 1982 gekommen. Die Anwendung der verteidigungspolitischen Bestimmungen des Vertrages beschränkte sich bisher auf die Rüstungspolitik. Hier ist Frankreich seit langem unser wichtigster Partner. Erfolgreiche Projekte wie die Flugkörper „Hot“, „Milan“ und „Roland“ oder der Alphajet sind in dieser

Kooperation von Rüstungsgütern zu verdanken. Auf dem Programm stehen der Panzerabwehrhubschrauber und ein Kampfflugzeug der neunziger Jahre.

Welchen Beitrag die deutsch-französische Zusammenarbeit auf diesem Gebiet leisten kann, um Sicherheit und Sicherheitsgefühl in Europa zu stärken, wird mit davon abhängen, inwieweit Frankreich, das in Wahrnehmung seiner deutschlandpolitischen Verantwortung einen wesentlichen Teil seiner Landstreitkräfte auf deutschem Boden, darunter 3500 Soldaten in Berlin, unterhält, willens und in der Lage ist, seine Beteiligung an der europäischen Verteidigung auszuweiten.

Über den seit der Präsidentschaft de Gaulles bestehenden Grundsatz der Autonomie der Verteidigung gibt es in Frankreich unverändert einen nationalen Konsens, den wir, die Partner, zu respektieren haben. Die Frage jedoch, ob bei aller Wahrung der Autonomie Spielräume vorhanden sind, die sich für eine stärkere französische Beteiligung an der Verteidigung Europas nutzen lassen, hat Frankreich inzwischen dadurch bejaht, daß es zur Aktivierung der Rolle der westeuropäischen Union aufrief, in der seit 30 Jahren neben der Bundesrepublik und Frankreich, Belgien, Großbritannien, Italien, Luxemburg und die Niederlande zusammengeschlossen sind. Die Bundesrepublik hat diesen französischen Anstoß zur Belebung der westeuropäischen Union aufgegriffen, weil sie darin eine Möglichkeit erblickte, das Gewicht Westeuropas innerhalb der Nato zu erhöhen und das Bewußtsein europäischer Identität zu stärken. Ein entsprechender Beschluß ist von der Jubiläumstagung des westeuropäischen Unionsrates Ende Oktober in Rom zu erwarten.

Die im deutsch-französischen Vertrag ausdrücklich vorgesehene Zusammenarbeit in der Dritte-Welt-Politik ist meines Erachtens noch ausbaufähig. Doch sind hier die Interessen beider Länder nicht immer gleich. Als ehemalige Kolonialmacht trägt Frankreich weltweit in den frankophonen Staaten Verantwortung und wirkt dort auch als Ordnungsmacht, wie wir es ja zuletzt noch im Tschad gesehen haben.

Demgegenüber hat die Dritte-Welt-Politik der Bundesregierung von historischen Vorgaben freie, mehr wirtschaftlich orientierte Schwerpunkte gewählt. Diese unterschiedliche Ausgangslage läßt beide Partner gelegentlich sowohl wirtschaftlich als auch entwicklungspolitisch als Wettbewerber auftreten. In den politischen Grundsätzen der Selbstbestimmung, nationaler Unabhängigkeit und Nichteinmischung sind sich die Bundesrepublik und Frankreich jedoch stets einig gewesen.

Aktiv hat sich die Bundesrepublik für die Ausgestaltung der Zusammenarbeit mit den AKB-Staaten Lome 1 und Lome 2 eingesetzt, die neben den anglo- auch den frankophonen Staaten zugutekommt.

Ein neues Feld gemeinsamer Initiative im Rahmen der Europäischen Gemeinschaft ist die Zusammenarbeit mit den Staaten Zentralamerikas. Heute geht die Konferenz von San José zu Ende. Diese von der Bundesregierung angeregte und von Frankreich unterstützte Konferenz der Europäischen Gemeinschaft, der zentralamerikanischen Staaten und der sogenannten Contadoragruppe soll es diesen Ländern und Staaten erleichtern, sich in politischer, wirtschaftlicher und sozialer Unabhängigkeit zu entwickeln.
Der deutsch-französische Vertrag, unter dessen Auftrag ich die Perspektiven entwickelt habe, die sich für die Lösung der europäischen Probleme anbieten, hat keine Kündigungsklausel, sondern ist auf Dauer angelegt.

Vielleicht noch einige kurze Worte zu Frankreich und dem verschobenen Honnecker-Besuch: Frankreich nimmt seine Rolle als eine der Mächte, die Verantwortung für Deutschland als Ganzes in Berlin tragen, sehr ernst. In Statusfragen ist die französische Regierung eine unserer besten Stützen, wenn es darum geht, Fehlinterpretationen des Berlin-Abkommens durch die Sowjetunion zu vermeiden. So war in der ganzen Zeit der Vorbereitung des Honnecker-Besuchs kein Mißtrauen bei den maßgeblichen Regierungsstellen in Paris zu spüren. Im Gegenteil: Man war positiv überrascht, daß es trotz Stationierung möglich war, mit einem wichtigen Verbündeten der Sowjetunion die Kontakte zu verbessern. Den wichtigen Passus über die Unverletzlichkeit der Grenzen und die Möglichkeit der friedlichen Grenzänderung haben die Franzosen in die KSZE eingebracht und uns nachdrücklich dabei geholfen, diesen Passus durchzusetzen. Für unser nationales Anliegen haben sie viel Verständnis, werden aber auch darauf achten, daß wir nie mehr andere als friedliche Mittel zu seiner Erfüllung verwenden.
In meiner Darstellung der deutsch-französischen Zusammenarbeit habe ich die deutsch-französischen Projekte hervorgehoben, die über beide Staaten hinaus auf die westeuropäische Staatengemeinschaft insgesamt übergreifen können, d.h. die auch über den EG-Rahmen hinausgehen. Vor allem dürfte, und hiermit komme ich zum Schluß meiner Ausführungen, der nach vorne gerichtete Wille der deutschen und der französischen Regierung deutlich geworden sein, nach immer neuen Möglichkeiten zu suchen, diese westeuropäische Gemeinschaft enger zusammenzuführen, ihr den Weg in das 21. Jahrhundert zu bereiten, den Europäern Selbstvertrauen in die eigenen Kräfte und ihnen Glauben an eine gemeinsame europäische Zukunft zu geben. Das deutsch-französische Verhältnis will in diesem Sinne als Bündnis im Bündnis verstanden werden. Politische europäische Institutionen sind wichtig und hilfreich, aber nicht entschei-

dend für die Erhaltung der europäischen Stellung in der Welt. Entscheidend ist das europapolitische Wollen und die Umsetzung proeuropäischer Entscheidungen in praktische Tagespolitik. Wir gehen sicher einen schwierigen Weg, da wir gezwungen sind, uns täglich an sich ändernde Verhältnisse dynamisch anzupassen und einen Wettbewerb mit anderen wirtschaftlich und gesellschaftlich zu bestehen. Ideologische Patentlösungen gibt es nicht. Wir dürfen aber Vertrauen in unsere Möglichkeiten und unsere gemeinsame Kraft haben. Der französische katholische Philosoph Charles Peguy hat einmal geschrieben: „Die Vorbedingung für die Freiheit ist der Mut". Vielen Dank.

Dr. Spethmann:

Vielen Dank, lieber Herr Schoeller, meine Damen und Herren, ich würde vorschlagen, daß wir jetzt in die Diskussion eintreten. Vielleicht könnten wir uns zunächst einmal mit dem Thema beschäftigen, ob zur gegenwärtigen deutschen Politik der Westintegration – sei es innerhalb der EG, sei es darüber hinaus – überhaupt eine denkbare Alternative gibt. Anders formuliert: Gibt es eine realistische Alternative zur Bonner EG-Politik und darüber hinaus zur Bonner militärischen Integrationspolitik im und in den Westen?

Ich persönlich halte es für undenkbar, eine Alternative realistisch zu erwägen, solange man nicht im voraus bereit ist, das Grundgesetz aufzugeben. Für mich ist die Alternative – auch nur die gedankliche Spielart einer Alternative – gleichbedeutend mit dem in Frage stellen des Grundteilcharakters unserer Verfassung.

Deshalb muß das eigentliche Thema heißen: Welche Probleme haben wir innerhalb dieser Politik in der EG und in der Nato und der darüber hinausgehenden Integration, und wie kommen wir mit diesen voran?

Also zunächst EG: Wir hatten Ende Juni 1984 die Beschlüsse von Fontainebleau, auf die Herr Schoeller eingegangen ist. Seit dem 1. Juli liegt die alle sechs Monate wechselnde Präsidentschaft bei den Iren. Ab 1. Januar 1985 stellen die Italiener den Präsidenten. Obwohl die Europäer angesichts eines wieder wachsenden Sozialproduktes in den einzelnen EG-Ländern zusätzliche Spielräume gewinnen, haben sie es bisher nicht fertiggebracht, diese neuen Spielräume in zusätzliche politische Wirkung umzusetzen – aus eigener Handlungsschwäche. Was müssen wir tun? Ist es realistisch, die Ziele von Fontainebleau anzusteuern – seien sie qualitativer Art innerhalb der heutigen Zehner-EG oder quantitativer durch die Südausweitung?

Und dann könnte man gleich die Finanzen mit hineinnehmen, zu jedem funktionierenden Steuerwesen gehört nun einmal der horizontale Finanzausgleich. Das Wesen des modernen Fiskalismus ist unter anderem die Trennung von Steuermittelaufkommen und -mittelverwendung. Wenn ich einmal etwas Provozierendes sagen darf: Bei aller persönlichen Hochachtung für die seit fünf Jahren amtierende englische Premierministerin und ihre Politik bin ich doch ohne jedes Verständnis für die These „I want my money back". Man kann in einer so groß angelegten Gemeinschaft der EG ohne das Mittel des horizontalen Finanzausgleichs nicht vorankommen.

Daß Deutschland im vergangenen Jahr mit etwa sechs Milliarden Mark dabei war, England mit rund drei Milliarden und Frankreich mit 600 Millionen, zeigt ja, daß es offenbar einen nicht nur zufälligen Zusammenhang zwischen fortschreitender Industrialisierung und der Entstehung solcher Überschüsse unter dem gegenwärtig vereinbarten System gibt. Wenn man sich dann die Wachstumsraten solcher Länder ansieht, haben diese Überschüsse offenbar eine positive Rückwirkung, nämlich unter dem Gesichtspunkt der industriellen Produktion und ihrer EG-internen Lieferung. Jedenfalls gibt es eine ganze Anzahl deutscher Industriezweige, zu deren erheblichen Lieferungen in andere EG-Länder es in den letzten 20 oder 25 Jahren ohne die Gemeinschaft nicht gekommen wäre.

Herr Harbodt:

Herr Spethmann, ich glaube, Sie haben ein Grundproblem angeschnitten, zu dem ich auch noch einige Fragen hätte, denn ich meine, Fortschritte in der EWG werden nicht alleine durch die nahezu problemlose Beziehung Frankreich-Deutschland dargestellt, sondern wir haben ja eine Reihe anderer Partner, die wir in ihrer Bedeutung für die EWG nicht unterschätzen sollten. Frage also: Würden Sie, Herr Botschafter, vielleicht einige Worte verlieren können, welche Hindernisse oder welche Vorteile wir von England und möglicherweise von Italien zu erwarten haben, denn ich glaube, daß die Fortschritte einer breiteren Basis bedürfen als dieser Beziehung Deutschland-Frankreich?

Herr Schoeller:

Ich möchte vorausschicken, daß ich diese deutsch-französische Zusammenarbeit aus zwei Gründen an meine allgemeinen Ausführungen angeschlossen habe: Einmal, weil ich mit den Dingen vertraut bin als Botschafter in Paris, zum andern, weil diese deutsch-französische Zusammenarbeit doch so problemlos ist und so vom europapolitischen Wollen getragen ist, daß sie durchaus als Beispiel gelten kann. Damit möchte ich aber absolut nicht in Frage stellen die Möglichkeiten der Zusammenarbeit, die mit anderen großen Partnern im europäischen Raum gegeben

sind, und Sie haben richtig Großbritannien und auch Italien erwähnt. Für Großbritannien gibt es nun einmal nach wie vor eine erhebliche psychologische Hemmschwelle: Das ist der Kanal. Und diese Hemmschwelle wird nicht zuletzt dadurch noch immer hochgehalten, weil man von britischer Seite die speziellen Beziehungen zu den USA als eine eigene Domäne ansieht, die es auch den Briten wieder erlaubt, Europa gegenüber mit einem größeren Abstand, oder objektiviert, zu stehen. Was die Briten allerdings auf der anderen Seite haben, das ist positiv zu sehen, das ist einmal der Wunsch der technologischen Zusammenarbeit im europäischen Verband – das halte ich für sehr wichtig – und sie entziehen sich irgendwelchen Möglichkeiten der Zusammenarbeit, wenn wir sie ihnen anbieten, im allgemeinen nicht, sondern machen selber auch Vorschläge.
Und das zweite, und damit komme ich auf den wirtschaftlichen Bereich: Die Briten sind einverstanden von vornherein, wenn irgend etwas wirtschaftliches vorgeschlagen wird, was dazu führen kann, daß der Markt tatsächlich für sie auch vergrößert wird, wobei sie auch in Kauf nehmen würden, daß der britische Markt selber mehr geöffnet wird für europäische Produkte. Wo die Briten sehr zurückhaltend sind – und zwar aus den Gründen, die ich eingangs genannt habe, das ist im institutionellen Bereich. Und da sind sie sehr, sehr zurückhaltend, und sie sind auch zurückhaltend beispielsweise jetzt, oder waren zurückhaltend im Zusammenhang mit der Initiative des französischen Außenministers, die westeuropäische Union wieder zu stärken. Diese Zurückhaltung hat angedauert bis etwa April/Mai. Und dann habe ich festgestellt, auch in meinen Gesprächen, daß sie gesagt haben, na ja, wollen mal sehen, was daraus wird. Aber sie wollen sich nicht ausschließen. Zusammenfassend darf man sagen, daß die Briten Partner sein können, daß sie mit einer großen Reserve jeder institutionellen Veränderung gegenüberstehen, und daß wir versuchen sollten – sie sind praktisch veranlagt – über das rein Praktische, über den gemeinsamen Markt, sie näher an uns heranzuziehen.
Was Italien angeht, so ist das Problem anders. Die Italiener werden sicherlich interessiert und bereit sein, jede deutsch-französische Initiative, deren wirtschaftlichen Sinn sie einsehen, mitzumachen. Bei den Italienern ist es eine Frage auch der nationalen Empfindlichkeit, die sie manchmal zögern läßt – zumindest nach außen hin – sofort zuzustimmen. Und es ist vielleicht die Aufgabe der deutschen und französischen Regierungen, auf diese Empfindlichkeit Rücksicht zu nehmen. Aber im übrigen können wir sie mit einschließen und sie machen ja auch gute Beiträge, auch bei technologischen Projekten, auch im Hinblick auf die Vergrößerung und die Homogenisierung des europäischen Marktes.

Herr Dr. Trouet:
Darf ich hier einmal eine ganz grundsätzliche Frage stellen? Geht man einmal von den Europäischen Verträgen aus, zu dem Zeitpunkt, als sie geschlossen wurden, dann ist folgendes festzustellen: Soviel inzwischen auch erreicht wurde, es ist nicht alles erreicht worden, was man damals politisch wollte. Die Integration ist zweifellos in vielen Bereichen sehr weit fortgeschritten. Dennoch hat jeder von uns vielleicht das Gefühl, daß gerade im politischen Bereich der Fortschritt zu gering ist und man sich seitens der Regierungen der Mitgliedsländer auch zu wenig Mühe gegeben hat, hier zu einem wirklichen Durchbruch zu kommen. Herr Thorn hat als Präsident des öfteren beklagt, daß es eine Diskrepanz zwischen der Bereitschaft der Europäischen Kommission gibt, bestimmte Maßnahmen durchzusetzen, und dem Willen des Rates auf der anderen Seite, für die Mitgliedsstaaten auf Souveränitätsrechte zu verzichten. Wie beurteilen Sie diese Situation? Sehen Sie Wege einer Ausdehnung des europäischen Gedankens in politischer Hinsicht? Die deutsch-französische Zusammenarbeit ist ja sicherlich ein Schritt in diese Richtung, man könnte sich aber vorstellen, daß es durchaus noch im staatsrechtlichen Bereich Möglichkeiten gibt, zu einer stärkeren Integration in Europa zu kommen.

Herr Schoeller:
Das Problem ist da, und das Problem bestimmt das Geschehen innerhalb der Römischen Verträge spätestens entscheidend seit 1965, als sich nämlich Frankreich unter der damaligen Führung des Präsidenten de Gaulle weigerte, das für 1965 vorgesehene Mehrheitsprinzip im Rat zu akzeptieren.
Die Franzosen haben dann von sich aus über den Fouchet-Plan versucht, eine Ausweichlösung zu finden, die schließlich endete im sog. Luxemburger Abkommen, oder der Luxemburger Vereinbarung, wonach in wichtigen Fragen von den einzelnen Staaten eine Mehrheitsentscheidung nicht akzeptiert wird, indem sie darauf hinweisen, daß hier entscheidende Souveränitätsrechte berührt werden, daß aber in weniger wichtigen Fragen Mehrheitsentscheidungen möglich sind.
Das hat in der Praxis der Sechs und auch später nach dem britischen und dänischen Beitritt und dem irischen Beitritt dazu geführt, daß überwiegend Mehrheitsentscheidungen im Rat getroffen werden konnten und nur wenige Entscheidungen im Konsensverfahren getroffen werden mußten.
Der griechische Beitritt hat hier eine neue Situation geschaffen, da bei den Griechen die Tendenz besteht, grundsätzlich Konsensentscheidun-

gen auf allen Gebieten anzustreben. Die Franzosen haben seitdem einen wichtigen Lernprozeß erlebt, und der französische Präsident hat in Straßburg am 24. Mai eine Rückkehr zur Mehrheitsentscheidung empfohlen.

Ich muß vielleicht hier noch hinzufügen, daß die Franzosen heute nach meinem Eindruck Europa-engagierter sind als irgendein anderes Volk oder auch als irgendeine andere Regierung, weil sie dieses Europa als eine nationale Möglichkeit ansehen, die Stellung Frankreichs und damit Europas zu erhalten und daß das nur geht durch die Schaffung eines gemeinsamen Marktes und durch die Aufnahme von gemeinsamen Forschungsprojekten im Grundlagenbereich und auch durch eine gemeinsame Industriepolitik.

Das wird mir häufig von französischer Seite gesagt und es drängt dazu, die Franzosen zu fragen, werdet Ihr denn eines Tages auch bereit sein, das Mehrheitsprinzip bei grundsätzlichen Entscheidungen zu akzeptieren?

Dazu muß ich Ihnen sagen, bin ich noch etwas zurückhaltend. Bei allem Europa-Enthusiasmus, bei der klaren Erkenntnis, daß sie Europa brauchen werden, ist die französische Gesellschaft noch immer recht konservativ. Mit anderen Worten, Sie können sagen: vom Verstand her wird die Notwendigkeit gesehen, daß wir zur Mehrheitsentscheidung auf möglichst vielen Gebieten kommen müssen. In Deutschland hat dies dazu geführt, daß das Europa-Engagement, der Europa-Enthusiasmus, nachgelassen haben, daß es heute viele Kräfte in Deutschland gibt, die sagen, vielleicht ist es doch gut, wenn wir unseren eigenen Weg gehen und wirtschaftlich und sozial nicht so sehr abhängig sind von den anderen. Das hat sich bei uns verstärkt in den letzten Jahren. Aber auch bei uns ist dies eine gefühlbestimmte Tendenz. Vom Verstand wird man sicher auch bei uns sagen, wir brauchen einen gemeinsamen, größeren Markt, und ich glaube nicht, daß es bei uns Schwierigkeiten geben wird, wenn das Mehrheitsprinzip wieder eingeführt wird oder umfassend eingeführt werden wird.

Dr. Spethmann:

Darf ich noch ein paar kleine Bemerkungen meinerseits anfügen. Man kann die Suche nach zusätzlichen Gemeinsamkeiten besser in die Tat umsetzen, wenn man ein – wenn auch vielleicht nur kleines – wirtschaftliches Wachstum hat. Außerdem: Herr Schoeller wies bereits auf gewisse retardierende Momente in Abhängigkeit von Generationsproblemen hin. Diese retardierenden Momente der Integration hängen generell von der kulturellen Ausgangsphase ab. Die Franzosen haben in ihrem Selbstverständnis Anfang der fünfziger Jahre mit dem Schuman-Plan und

1963 mit dem Elysee-Vertrag eine bedeutende Veränderung ihres politischen Denkens erfahren. Das französische Selbstverständnis war Anfang der fünfziger Jahre wesentlich mehr im konservativen Sinne auf die Agrarposition und Agrarpolitik hin ausgerichtet trotz der ehrgeizigen industriellen Ziele, die natürlich auch auf dem Reißbrett vorhanden waren. Hier haben wir in den letzten drei Jahrzehnten erhebliche Wandlungen zu verzeichnen; noch größere Wandlungen müssen kommen. Aber wenn heute schon am Tisch des Ministerrates darüber Einvernehmen erzielt werden kann, daß man in Sachen gemeinsame Agrarpolitik gewisse Dinge auch so modifizieren kann, daß sie den Beteiligten wehtun, dann ist dies doch wohl Ausdruck der Erkenntnis, mit der Fehlleitung volkswirtschaftlicher Mittel könne es nicht so weitergehen. Ich habe persönlich auch keinen Zweifel, daß, wenn die Selbstversorgungsschwelle wie bei Milch und Olivenöl einmal unterhalb der hundert Prozent liegt, man wieder aufgeschlossener ist für die Öffnung neuer Spielräume im Außenhandel mit Nicht-EG-Ländern.

Meine letzte Bemerkung bezieht sich auf Ihre Schlußfrage, nämlich: Was tun die Mitgliedsregierungen zur Zeit, um auf nationale Souveränität und Eigenarten zu verzichten und damit auch im nicht-wirtschaftlichen Bereich zu mehr Gemeinsamkeiten zu kommen? Ich darf nochmals zitieren aus den Schlußfassungen von Fontainebleau im Juni. Es ist dort festgelegt worden: Einführung eines europäischen Passes bis spätestens 1. Januar 1985, Einführung eines Einheitsdokumentes für den Warenverkehr noch vor dem 30. Juni 1985, Einführung eines allgemeinen Systems für die Gleichwertigkeit der Hochschuldiplome und Abschaffung der Polizei- und Zollformalitäten an den innergemeinschaftlichen Grenzen im Personenverkehr. Diese vier Punkte sind in Fontainebleau effektiv beschlossen worden.

Ferner sind Prüfaufträge gegeben worden für eine Anzahl interessanter Themen: Einführung einer europäischen Fahne und Hymne, Bildung von Europamannschaften im Sport, Trivialisierung der Grenzübergänge, Prägung einer europäischen Münze (die Verrechnungseinheit ECU haben wir ja), Rauschgiftbekämpfung und Partnerschaft zwischen Schulklassen. Also, auch hier ist Bewegung.

Prof. Dr. Winnes:

Herr Botschafter, Sie haben die Wettbewerbsfähigkeit Europas, insbesondere auch gegenüber den USA und gegenüber dem pazifischen Raum angeschnitten.

Folgende Frage stellt sich:

Erhöht sich die Wettbewerbsfähigkeit Europas nun tatsächlich durch die

Aufnahme zusätzlicher Mitglieder in die EG? Schaffen wir uns nicht zunehmende, auch wirtschaftliche Probleme gerade durch die Aufnahme neuer Länder und wäre es unter diesen Gesichtspunkten nicht besser, die eigentliche Achse Frankreich-Deutschland noch stärker auszubauen?
Eine andere Frage:
Die Grenzkontrollen in der EG wurden teilweise abgebaut: Sie sollen weiter, unter Einbeziehung der Benelux-Länder, abgebaut werden. Wo liegen hier die Probleme, spielt hier möglicherweise auch der Beschäftigungseffekt bei den Überlegungen der Innenministerien eine Rolle?

Herr Schoeller:

Zur ersten Frage – Vergrößerung der EG und wird durch diese Vergrößerung unsere Wettbewerbsfähigkeit im internationalen Raum unter Umständen geschwächt?
Sie haben völlig recht. Das eine ist eine politische Entscheidung, die wir treffen wollen, die wir treffen müssen, die von der Bundesregierung sehr gefördert worden ist, die Vergrößerung um Spanien und Portugal. Diese Vergrößerung wird uns Geld kosten. Das ist ganz sicher und zwar auf absehbare Zeit. Die Vergrößerung wird viele wirtschaftliche Schwierigkeiten, auch für Spanien, auch für die Franzosen, mit sich bringen. Ich würde aber die Möglichkeit im technologischen Bereich, industriellen Bereich zu einer größeren Wettbewerbsfähigkeit zu kommen, nicht negativ durch den spanischen und den portugiesischen Beitritt beeinflußt sehen. Im Gegenteil.
Auch Spanien und Portugal, insbesondere Spanien, hat durchaus ein technologisches Potential, wir wissen das, wir arbeiten mit Spanien zusammen in verschiedenen Projekten, Rüstungsprojekten. Spanien nimmt Anteil am Airbus-Projekt und an anderen europäischen Projekten, so daß wir sicherlich mittelfristig bereits auch auf dem Gebiet des technologischen, industriellen Fortschritts durch den Beitritt Spaniens und Portugals profitieren.
Nun zu Ihrer zweiten Frage wegen der Grenzkontrolle. Gibt es dadurch innere Probleme? Das ist richtig. Es gibt ein gewichtiges Argument gegen die Abschaffung der Grenzkontrolle. Auch Straftäter haben einen freien Grenzübergang. Und das trifft zu. Wir haben aber das amerikanische Beispiel, wo wir in den USA inzwischen in über 50 Staaten einen freien Grenzverkehr haben, wo keine Kontrollen sind und wo es trotzdem gelungen ist in den letzten Jahren, die Kriminalität abzusenken. Das bedingt allerdings eine Straffung der Zusammenarbeit im europäischen Polizeirahmen. Ich möchte den Dingen nicht vorgreifen, ich möchte nicht Verhandlungen vorgreifen, auch zwischen Deutschland und Frankreich

nicht, aber wir werden wohl auf die Dauer zur Bildung eines europäischen Kriminalamtes kommen. Wir werden dazu kommen – Vorgriff – daß Polizeikontrollen oder Grenzkontrollen, die durchgeführt werden von Franzosen an der französischen Grenze, für uns ihre Gültigkeit haben.

Prof. Everling:
Ich habe jahrelang gearbeitet an der Koordinierung der Europapolitik in Bonn, übrigens mit Ausnahme von Kohle und Stahl und habe übrigens auch an zwanzig deutsch-französischen Konsultationen teilgenommen. Warum ist das alles so schwierig? – Dazu wollte ich ein paar Worte sagen. Herr Schoeller hat schon einen Punkt angedeutet: Warum stehen immer noch Leute an der Grenze? Ganz einfach: Wir haben keine gemeinsame Politik gegenüber Drittausländern. Wenn also jemand von Frankreich nach Deutschland kommt, muß man den Paß so weit sehen, daß man sieht, daß es kein Marokkaner oder kein Türke ist – mit solchen Dingen fängt es an, und dieser Beschluß der Staatspräsidenten hat ja das Gute, daß man von oben herab die Leute in den Innenministerien gezwungen hat, darüber nachzudenken, wie man eine gemeinsame Außenkontrolle macht; genauso wie es die Beneluxländer übrigens machen, sie erteilen die Visa gemeinsam. Das ist nur ein Beispiel.
Das zweite Beispiel führt uns schon mehr in die Problematik rein. Mein erster Gedanke, als ich das im Fernsehen hörte, war, wollen die Franzosen ihre Devisenbewirtschaftung abschaffen? Die Franzosen haben eine Devisenbewirtschaftung und wollen verhindern, daß die Leute das Geld mit dem Koffer nach Luxemburg bringen, wo es sehr gut aufgehoben wird. Und da werden die Leute gefilzt, also auch der französische Botschafter ist neulich mal in Frankreich gefilzt worden hinter der Grenze, der französische Botschafter in Luxemburg. Das passiert, und übrigens filzt der deutsche Zoll auch die Rechtsanwälte, die vor dem Gerichtshof auftreten, ob sie nicht Geld oder Gold unter ihren Autositzen haben.
Der deutsche Zoll ist da nicht besser. Ich will damit jetzt auf einen Punkt hinaus: Es sagt sich so leicht: Die Franzosen wollen gemeinsame Industriepolitik aber, sie verstehen etwas total anderes als wir darunter. Und das ist die große Problematik. Ordnungspolitisch liegen sie auf einer ganz anderen Linie. Wenn wir so sagen, die deutsch-französischen Verhältnisse sind problemlos, dann mag das an der Oberfläche stimmen, aber wenn es dann in das konkrete Eingemachte geht, nämlich darum, ob wir Handelsbeschränkungen gegen das Land X oder Y einführen, dann wird es ganz schwierig, und hier liegen die wirklichen Probleme. Die Franzosen verstehen unter Industriepolitik eine vom Staat mit einem lockeren

Plan gesteuerte Entwicklung, die über einen verstaatlichten Bankenapparat gesteuert wird, nicht direkt, sondern über Kredite oder Nichtkredite, bei der über die Wirtschaft das Industrieministerium die Bildung großer Industrien und Einheiten fördert, also gerade das Gegenteil macht wie das Kartellamt, und hier wird es schon von der Mentalität her ganz anders. Man kann sich manchmal im Konkreten sehr gut einigen, aber sowie es in die Grundsätze kommt, merkt man, daß sie alle noch Schüler von Colbert sind. Und hier liegt also eine wirkliche Schwierigkeit und auch die Schwierigkeit des Mehrheitsprinzips.

Ich bin überzeugt, heute oder schon seit langem wäre das Mehrheitsprinzip sehr deutlich zu Lasten der Deutschen und nicht zu Lasten der Franzosen gewesen. Die Franzosen haben die meisten der Mitgliedsstaaten auf ihrer Seite, wenn es darum geht, eine interventionistische und zum Teil auch protektionistische Wirtschaftspolitik zu treiben, und die Bundesrepublik ist vor wenigen Tagen überstimmt worden bei der Einführung eines neuen handelspolitischen Instrumentes, das neben Antidumping und Antisubventionszoll noch andere Maßnahmen treffen will, die ich nicht kenne, aber deren Akzent natürlich in der Abwehr der Wirtschaftsabkommen liegt.

Hier stellen sich ganz grundsätzliche Probleme und damit kommen wir zu der Frage, wie kann man einen gemeinsamen Willen in einem solchen Europafonds – wir haben in der Bundesrepublik Deutschland ja bekanntlich einen sehr schwierigen Willensbildungsprozeß, wenn man sich ansieht, wie man auf allen Seiten über seine eigenen Beine stolpert, wenn man einen Katalysator einführen will, oder nicht einführen will, man weiß es noch nicht so ganz genau – dann ist das äußerst schwierig. Es war vorher übrigens genauso, bevor ein Konjunkturankurbelungsprogramm 1978 zustande kam – das war ein schwieriger Prozeß – und dann geht man damit nach Brüssel.

Diese Prozesse wiederholen sich übrigens auf allen Ebenen, ob das nun Rechtsangleichung in einem kleinen Gebiet oder größere Maßnahmen in der Agrarpolitik sind. Man geht also mit dieser Meinung nach Brüssel, und die anderen haben einen ebenso schwierigen Meinungsbildungsprozeß in einer pluralistisch geformten Demokratie. Und dann sitzt man zu zehnt zusammen und wundert sich, wenn sich der Rat nicht in ein, zwei, drei Sitzungen einigen wird. Das ist dann ein ganz schwieriger Willensbildungsprozeß, bei dem der Konsens gesucht werden muß, der aber nur klappt, wenn jeder wieder irgendwo weiß, man muß zu einer Einigung kommen und dann auch die Rückkopplung fertigbringt. Aber was passiert, wenn z.B. ein Agrarminister es mal wagt, nun auch etwas zur Einschränkung der Agrarüberschüsse zu sagen: der wird dann von seinem

Parteivorsitzenden sofort in den Boden gestampft, wie wir es jetzt gerade gesehen haben bei Herrn Kiechle.
Ich will mit dem Ganzen nur sagen: Wir müssen uns vorstellen, wir haben zehn mehr oder weniger funktionierende Demokratien mit einer schwierigen Meinungsbildung, und deren Minister kommen zusammen und sollen sich nun einigen und müssen dann wieder die Rückkopplung in ihre Heimatländer vornehmen, das ist eben einfach außerordentlich schwierig. Von deutscher Seite ist immer gesagt worden, wir würden uns den Mehrheitsentscheidungen unterwerfen, in Luxemburg ist ja auch nicht gesagt worden, wir wollen nicht mit Mehrheit beschließen, sondern Frankreich hat bloß darauf bestanden – ich lasse mich nicht überstimmen in wesentlichen Fragen, und das haben sich dann andere auch zu eigen gemacht.
Ich wollte also nur auf diese ganz schwierigen Zusammenhänge hinzielen und vor allem auf dieses gefährliche Wort einer vrai politique industrielle. Unter dieser wahren Industriepolitik versteht man dort drüben eine geplante Textilpolitik, eine geplante Computerpolitik und nicht das, was wir darunter verstehen: Setzen von Rahmenbedingungen und vom Ermuntern des Unternehmers, so wie wir es heute so eindrucksvoll von Herrn Merkle gehört haben.
Ein letztes Wort noch: Ganz so optimistisch, Herr Botschafter Schoeller, bin ich nach meinen Erfahrungen jetzt in Luxemburg nicht in der Frage, ob die andern so sehr froh sind, wenn wir zu sehr, zu eng zusammenarbeiten mit den Franzosen. Wir müssen ungeheuer aufpassen, daß wir die anderen nicht vergessen, und es war sehr gut, daß der Bundeskanzler in Dänemark war zum Beispiel. Herr Tindemans hat vor einigen Tagen, glaube ich, in irgendeiner belgischen Zeitung ein Interview gegeben, in dem er ganz klar gesagt hat: „Wir machen hier kein Europa mit zwei Geschwindigkeiten, etwa Deutschland und Frankreich voran, die Briten müssen dabei sein, sonst werden wir, die Kleinen, untergebügelt".
Und noch ein letztes Wort: Finanzausgleich müssen wir haben, Herr Spethmann, aber der muß natürlich auch richtig sein, wenn er nur über die Agrarpolitik läuft, dann läuft er natürlich nicht immer in die richtige Richtung. Der Finanzausgleich, so wie er jetzt läuft, läuft wirklich zu Lasten der Briten. Ich bin, wie Sie, kein Freund dieser Politik „Gib mir mein Geld zurück"; aber es ist ein berechtigter Kern an dieser Problematik und den hat bisher auch niemand bestritten.

Herr Schoeller:

Herr Everling, vielen Dank, das war wichtig und interessant, was Sie gesagt haben. Ich darf vielleicht folgendes voranschicken: Wenn ich von

den problemlosen Beziehungen zwischen Deutschland und Frankreich gesprochen habe, dann habe ich von den bilateralen problemlosen Beziehungen gesprochen. Sie haben völlig recht, wir müssen dauernd mit den Franzosen diskutieren und uns mit ihnen abstimmen bei Fragen, die über den bilateralen Bereich hinausgehen. Das ist ein Prozeß, der dynamisch ist und der laufend stattfindet.
Zum zweiten Punkt möchte ich bestätigen, daß der französische Colbertismus immer noch außerordentlich stark ist. Es ist eine französische Tradition, der Staat hat jetzt noch mehr Einwirkungsmöglichkeiten, als er das vor Mitterand hatte, nämlich über die verstaatlichten Banken Kredite zu kontrollieren, Kredite zu geben für Projekte, die er geben will, aber – das muß man sofort hinzufügen – in Frankreich hat ein Prozeß des Umdenkens stattgefunden, und dieser Prozeß des Umdenkens wurde mir sehr deutlich, als der junge Ministerpräsident Fabius mich wenige Tage, nachdem er sein Amt angetreten hatte, zu sich rief und mit mir über die volkswirtschaftliche industrielle Zusammenarbeit sprach. Auf meine Frage, wie denn die Innovationen, von denen er hierbei sprach, durchgeführt werden sollen, antwortete er: „Das ist weitgehend Sache der Unternehmer", und als ich ihn fragte, „und wie sollen die Unternehmer das finanzieren?" „Das müssen sie mit den Gewinnen finanzieren". Und dann habe ich ihm gesagt: „Herr Ministerpräsident, dann müssen Sie dafür sorgen, daß die Unternehmer Gewinne machen können".
In der Bundesrepublik wollen wir günstige Rahmenbedingungen haben, und dann wollen wir selbstverantwortlich arbeiten. Der Vorteil der Franzosen in ihrer Denkweise liegt bei Problemen, die wir langfristig aufgreifen müssen. Beispielsweise daß Mitterand in Den Haag den Gedanken in die Welt setzte: Wir brauchen eine europäische Weltraumstation. Das kann ein einzelner Unternehmer nicht, das überschreitet seinen Rahmen, überschreitet auch seine Möglichkeiten, das kann er nicht aufgreifen. Das muß der Staat aufgreifen. Und da sind wir traditionell zurückhaltender, als es die Franzosen sind. Man kann darüber diskutieren, ob da nicht ein wenig Colbertismus von Nutzen ist für das Ganze, langfristig gesehen. Der Unterschied ist jedenfalls da, und ich gebe Ihnen hierzu völlig Recht und komme noch einmal zurück auf den großen belastenden Unterschied im kulturellen Bereich.
Wir haben in Frankreich etwa 2000 deutsche Firmen, die etwa 8 bis 9 Milliarden DM investiert haben. Die Franzosen haben etwa 5 Milliarden DM in 500 französischen Firmen in Deutschland investiert.
Ich kenne nur einen einzigen Fall von einem deutsch-französischen Firmenzusammenschluß. Sonst sind es deutsche Firmen, die in Frankreich arbeiten, teilweise mit einem französischen Direktor, aber sie

schließen sich nicht mit einer französischen Firma zusammen. Und mit den französischen Firmen in Deutschland ist es ähnlich. Und das führe ich zurück auf die Tatsache des kulturellen Unterschiedes, auf den Mangel an Sprachkenntnissen. In dem einen Fall, wo es wirklich gelungen ist und erfolgreich gelungen ist, ist das entscheidende deutsche Vorstandsmitglied sehr mit Frankreich verbunden, spricht fließend Französisch, kennt viele Leute und findet dadurch auch offene Türen und sofort Verständnis für seine Anliegen.

Interessant, wenn ich das noch als letztes sagen darf: Ablehnung des Europe à deux vitesses. Da stehe ich unter dem Eindruck, wenn wir uns nach dem langsamsten Schiff im Geleitzug richten, dann werden wir nur schwer von der Stelle kommen. Und ich hoffe, daß wenn die Deutschen den Franzosen vorangehen und es ihnen gelingt, andere dazu zu bringen, ebenfalls mit ihnen voranzugehen, daß das doch einen Effekt hat wie seinerzeit auch bei Abschluß des Römischen Vertrags, ich erinnere mich, daß die Briten den Verhandlungstisch in Messina verlassen haben und erklärten, daraus wird sowieso nichts. Als etwas anderes daraus wurde, da wollten sie plötzlich beitreten, was Herrn Hallstein seinerzeit zu der Bemerkung veranlaßte, „sie konnten die Gemeinschaft nicht von außen zerstören, jetzt wollen sie sie von innen zerstören".

Teepause

Herr Knappertsbusch:

Herr Botschafter Schoeller, ich habe dem 28. Gespräch angehört. Sie sehen also, daß ich schon älterer Teilnehmer hier in dieser Runde bin. Ich wollte eigentlich nur zwei Fragen an Sie stellen, aber ich muß noch einmal einen Satz zu meinem Herrn Vorredner sagen, dessen Erfahrungen ich in keiner Weise besitze.

Herr Everling, ich arbeite bei einer Bank und habe also wenig mit Luxemburg zu tun. Wenn Sie aber vorhin in besonderem Maße darauf hingewiesen haben, daß Frankreich vom wirtschaftlichen System so unterschiedlich sei uns gegenüber – und Sie haben ja auch darauf hingewiesen: Lenkung von Investitionen und Einfluß der Banken – muß ich Ihnen für mein Haus sagen, daß wir seit 14 Jahren mit einer staatlichen Bank in Frankreich arbeiten, mit dem Crédit Lyonnais. Es ist unglaublich, in welchem Maße die Leute die gleiche Sprache sprechen wie ein Bankmann aus New York oder aus Hongkong oder aus Düsseldorf, d.h. also, wie die genauso denken und handeln, und nur in einem ganz kleinen Bereich wird sichtbar, daß sie eine staatliche Bank vertreten, und daß sie in Wirklichkeit auch einen staatlichen Auftrag haben. Ich bin immer erstaunt – und wir kommen mit diesen Leuten zehn-, zwanzigmal in diversen unterschiedlichen Gruppierungen zusammen – wie ähnlich sie uns sind, und wie sehr der staatliche Teil uns da an der Oberfläche zu liegen scheint. – Aber, Herr Botschafter, fragen wollte ich etwas anderes.

Im Sommer dieses Jahres war der vierzigste Jahrestag der Invasion in der Normandie und derjenige, der damals nicht mit dabei gewesen ist – und ich muß das für mich bekennen, weil mir ein, zwei Jahre Lebensalter gefehlt haben, war – ich kann das nur für mich selber sagen – doch ein bißchen erschrocken, mit welchem Selbstverständnis der Bundeskanzler unseres Heimatlandes nicht zu dieser Veranstaltung eingeladen war. Und ich selbst war um so mehr beeindruckt von dem, was wir heute vor einer Woche dann im Fernsehen gesehen und in allen Zeitungen gelesen haben, nämlich von dem Handschlag in Verdun, und dazu wollte ich eine Frage an Sie richten: In der Züricher Zeitung am Montag, also nach dem Wochenende, nahm dieses Ereignis die gesamte erste Seite ein mit einem riesigen Bild der beiden händegebenden Staatsführer, und der Schlußsatz unter dieser Berichterstattung schien mir ein speziell Schweizer Schlußsatz zu sein, nämlich es wäre doch sehr die Frage, ob das das einzige wäre, was die EG noch zustande brächte, diesen Händedruck dort in Verdun.

Meine Frage an Sie ist: Empfindet Frankreich dieses auch als einen ganz wichtigen Vorgang, den wir – jedenfalls in Deutschland, was die Öffentlichkeit und die öffentliche Presse und alles angeht – ja doch sehr stark kommentiert und positiv bewertet haben, oder ist das in Frankreich ein alltägliches Ereignis, und würden Sie es wie auch das Ausschließen Deutschlands aus den Feierlichkeiten Anfang Juni für wesentlich für das von Ihnen beschriebene gute französisch-deutsche Verhältnis halten, oder ist es nur eine Randerscheinung?

Herr Schoeller:
Zum Ereignis in der Normandie am 6. Juni, das gemeinsam gesehen werden muß mit dem, was vor einer Woche in Verdun stattgefunden hat, ist folgendes zu sagen: Die Franzosen kamen zu einem sehr frühen Zeitpunkt auf mich zu und haben mir gesagt, die Amerikaner möchten gerne den 40. Jahrestag der Landung in einer besonderen Form begehen. Deshalb ist auch der Wirtschaftsgipfel auf den 7. Juni in London gelegt worden, und sie ließen durchklingen, daß das wohl auch im Hinblick auf die Wahl in Amerika von dem amerikanischen Präsidenten gewünscht werde. Damit wurde mir gegenüber deutlich gemacht, wir machen das mit, aber die Initiative ist von anderer Seite ausgegangen. Dann gab es einen Augenblick, in dem ich nichts mehr hörte, das war schon im

Dezember des Vorjahres, bis dann die Nachricht aus Bonn kam, daß der Bundeskanzler in keinem Fall einer eventuellen Einladung in die Normandie folgen würde. Dann bekam ich Nachrichten, daß das also in einer sehr großen Form aufgezogen würde, und daß die englische Königin kommen würde und weitere Leute, die seinerzeit eine große Rolle gespielt hätten im Augenblick der Invasion.
Also dann wurde ich zum Verteidigungsminister Hernu gerufen, und der Verteidigungsminister sagte zu mir ... wissen Sie, das ist jetzt so aufgebaut worden, das wird jetzt so ablaufen, ich darf doch hoffen, daß Sie unserer Einladung in die Normandie folgen werden? Wir werden dann zwei Tage später, wie Sie das auch angeregt haben, am 8. Juni, auf dem deutschen Soldatenfriedhof in La Cambe eine gemeinsame deutsch-französische Feierstunde machen zum Gedenken der deutschen Gefallenen.
Ich bin in die Normandie gefahren, und was der Präsident Mitterand in seiner Rede über die deutschen Soldaten gesagt hat bei dieser Gelegenheit, das hat mich durchaus bewegt. Auch Gleiches gilt für die anschließende Ansprache zwei Tage später, die der Staatssekretär für ehemalige Kriegsteilnehmer auf dem deutschen Soldatenfriedhof gehalten hat. Es war eine schöne Feierstunde, ein französisches Militärorchester hat das Lied vom Guten Kameraden gespielt. In Verbindung mit dem Ereignis in Verdun dürfen wir sagen, daß die Beziehungen nicht gelitten haben. Damit beantworte ich gleichzeitig auch Ihre zweite Frage, wie hat dieses Ereignis in Frankreich gewirkt? In Frankreich ist das historische Bewußtsein stärker entwickelt als bei uns. Entsprechend hat man die Feier in der Normandie als etwas Selbstverständliches empfunden. Aber da gab es auch einen Konsens über die Feier in Verdun, daß das richtig organisiert war und daß es gut war, daß diese Feier stattgefunden hat.
Für mich bleibt eins übrig bei dieser Sache, Sie haben das auch etwas anklingen lassen. Für mich bleibt übrig, daß wir eine größere Fülle von deutsch-französischen Freundschaftsbekundungen und immer wieder Demonstrationen der deutsch-französischen Freundschaft haben, und ich habe das auch französischen Freunden gesagt, die mir damit Recht gegeben haben. Ich habe gesagt, dieses ewige Sich-auf-die-Schulterklopfen, das ist ja wunderbar, aber wir sollten doch jetzt versuchen, mehr im Praktischen zu einer engeren Zusammenarbeit zu kommen, womit sie mir auch Recht gegeben haben.
Ich gehe jetzt davon aus, daß der Begriff der deutsch-französischen Versöhnung so integriert ist in das Bewußtsein, daß wir künftig nicht mehr derartige Demonstrationen benötigen.
Das ist das, was ich dazu sagen möchte.

Dr. Spethmann:
Vielen Dank! Das Wort geht an Herrn Bunge.

Dr. Bunge:
Ich komme nochmal zurück auf Ihre eingangs gemachte Bemerkung zur Alternative.
Ich glaube, die Frage nach der Alternative zu Europa, die wir kollektiv wohl alle so beantworten, daß es eben keine gibt, stellt sich aber für jedes Land in anderer Form. Und vielleicht mag es so sein, daß politisch gesehen die Bundesrepublik überhaupt keine Alternative hat als die, in der Europäischen Gemeinschaft zu arbeiten und zu leben.
Wir als Baden-Badener machen immer Reisen, wo wir bilateral mit den verschiedenen großen Ländern Westeuropas drei, vier Tage uns beraten, und gehen überwiegend nach Frankreich, England, Spanien und Italien, und ich möchte ihnen sagen, daß wir in jedem Land – und das ist nur natürlich – ganz unterschiedliche Reaktionen bekommen, Empfinden bekommen – ich beginne mal mit Paris, Sie haben den Colbertismus schon erwähnt – ich würde meinen, das Umdenken wird noch einige Generationen oder mindestens eine Generation dauern, sowohl auf unserer Seite, daß wir nicht kollabieren, wenn der Colbertismus uns ins Gesicht schaut und unsere liebe Marktwirtschaft nicht in reiner Lupenform angenommen wird. Und umgekehrt auch bei den Franzosen, die vielleicht nicht begreifen wollen, daß in Deutschland der Brötchenpreis frei ist.
Ausnahme mag sein, was Herr Knappertsbusch erzählt hat – aber am Geld hängt, nach Geld drängt doch alles. Da scheint es leichter zu gehen.
In London gibt es, wie wir alle wissen, große Pragmatiker, die eigentlich nur einen verbesserten Handel utilisieren wollen und aus diesem Grunde letztendlich eingetreten sind. Meine Frau und ich haben in den Jahren vor dem Eintritt in England gelebt, und wir waren bei vielen Gelegenheiten in Kontakten mit Engländern und haben dort oft die Antwort gehört: „Wir (also der jeweils individuell angesprochene Gesprächspartner) sind gegen die Gemeinschaft.“ Ich fragte dann auch immer: „Was ist Eure Alternative?“ und da kamen dann entweder Antworten wie „das Commonwealth“ oder „Schwarzafrika“, aber die große Majorität der in der Wirtschaft tätigen, leitenden Herren, hat sich damals für Europa ausgesprochen, nach wie vor für Europa, aber nur im Sinne einer pragmatischen Zusammenarbeit in der Wirtschaft. Ich kann mir immer wieder vorstellen, daß sehr viele Engländer auch heute noch politisch lieber da stehenbleiben, wo sie früher waren oder wo sie irgendwie in der „special relationship“ für die Vereinigten Staaten waren.

In Rom waren wir kürzlich und Herr Andreotti hat uns einen Vortrag gehalten über das Thema „Italien – ein zuverlässiger Partner in der EG", und er hat sicher eine Reihe von Beispielen bringen können – das hat nichts zu tun mit „Pangermanismus". Ich glaube, daß die Italiener wesentlich eher und freimütiger bereit sind, auch politisch Europäer zu sein oder zu werden, wenn das so wäre. In Wirtschaftsfragen – das liegt aber auf einem anderen Sektor – haben sie eben eine spezifisch italienische Art, mit der Gemeinschaft zusammenzuarbeiten.
In Madrid stellte sich kürzlich die Frage ganz konkret: Was ist denn nun für Spanien die Alternative, sie sind ja noch nicht drin in der Gemeinschaft?
Und da merkt man also wirkliche Geburtswehen eines Landes, welches sich modernisieren will, aber auch da ist der politische Wille vorhanden, offenbar auch bei der Majorität der Bevölkerung. Da kommen also die Brüssel-Zahnräder, und in diesen Zahnrädern, in diesem Getriebe, ist viel Sand.
Ich habe sechs Jahre in Brüssel gelebt und ich frage mich heute, warum ist nicht das allererste Departement oder Direktorat in der Kommission – ein Direktorat für die Harmonisierung der Mentalität. Wir harmonisieren alles, und wir haben sicher Harmonisierungen, wir haben Ansätze, wir haben den wunderbaren Ansatz des deutsch-französischen Jugendtreffens und wir haben bei den letzten Beschlüssen von Fontainebleau auch in dieser Richtung weitere Demarchen, aber wenn man konkret hinschaut, wird kaum etwas getan zur Harmonisierung des Miteinanderlebens, und die Mentalitätsschranken oder -schluchten sind heute so groß in einem Zeitalter, wo Sie in vierzig Minuten von Frankfurt nach Paris fliegen, als in dem Zeitalter als sie das noch „hoch auf dem gelben Wagen" machten. Keinen Zentimeter enger geworden – die Schlucht! Und ich glaube, da ist ein ganz enormer Ansatz, der also nicht nur den Bürger erfassen sollte, sondern auch unsere Verwaltungen, wenn Sie wollen, unsere Beamten, denn Europa hat so ein enormes Potential, welches nicht ausgeschöpft wird. Die Kluft zwischen dem Potential – ich spreche jetzt überwiegend wirtschaftlich, wenn Sie wollen auch technisch und über F und E, auf der einen Seite und der Realisierung dieses Potentials, beispielsweise in dem pazifischen Raum, ist so groß, wie sie nicht größer sein könnte und es scheint so, daß wir von den Sieben Schwaben gelernt haben, wir haben Angst vor der Zukunft und realisieren viel zu wenig von unserem Potential.
Wie kommt man aus dieser Stagnation heraus?
Zugegeben, es kommen immer kleine Schritte: der Europapaß oder die Euromünze, und wie kommt man dazu, wieder momentum hereinzubrin-

gen in diese Gemeinschaft? Wie vermittelt man unseren Bürgern das Gefühl, daß wir eine Schicksalsgemeinschaft sind und keine Interessengemeinschaft? Die Frage möchte ich an Sie richten.
Ich schließe mit einem Gedicht von vor 52 Jahren, Auszüge aus einem Gedicht von Tucholsky „Europa“:

Da liegt Europa – wie sieht es aus?
Wie ein bunt angestrichenes Irrenhaus – und er schließt: Die Nation ist das achte Sakrament – Gott segne diesen Kontinent.

Herr Schoeller:
Herr Bunge, Sie haben ein ganz wesentliches Problem, vielleicht *das* wesentliche Problem, angeschnitten. Ich hatte das ja auch schon bereits beleuchtet im Zusammenhang mit den Schwierigkeiten der deutsch-französischen Zusammenarbeit.
Der kulturelle Unterschied ist tatsächlich die Erschwernis für Europa, zu optimalen Ergebnissen auch im wirtschaftlichen und im Forschungsbereich zu kommen. Wir stehen diesen beiden Großräumen, den USA und dem pazifischen Raum gegenüber. In den USA, wo zwar auch Einwanderer aus den verschiedensten Nationen hingehen, die so teilweise ihre nationale Eigenart bewahren, die aber doch verhältnismäßig schnell integriert werden. So etwas haben wir hier in Europa nicht, und wir haben auch nicht, was wir in dem noch sehr partikularistischen Deutschland des neunzehnten Jahrhunderts hatten, nämlich das gemeinsame kulturelle Erbe und die gemeinsame Sprache. Das soll uns aber nicht davon abhalten zu versuchen, diese Schwierigkeiten zu überwinden und Ansätze zu machen. Sie haben das deutsch-französische Jugendwerk erwähnt, da ist sicherlich manches Gute getan.
Worauf wir – und das ist der einzige Ansatzpunkt, den ich wirklich sehe – worauf wir achten sollten und was wir versuchen sollten, das ist die individuelle Integration, und wir sollten da, glaube ich, anfangen mit Deutschland und Frankreich. Diese individuelle Integration geht nur dadurch, daß wir junge Leute in die anderen Staaten schicken und sie in Familien aufnehmen lassen, sie mit französischen Studenten, mit französischen Berufskollegen zusammensein lassen, und ihnen damit Augen und Ohren öffnen für eine fremde Mentalität, damit sie auch die Möglichkeiten und Grenzen des anderen Partners erfassen können. Ich sehe hier keine andere Möglichkeit und das ist ein Punkt, wo wir ansetzen müssen und wobei auch verschiedene Organisationen, wobei auch die Industrie durchaus etwas tun kann und teilweise auch bereits tut.

Dr. Bunge:

Erst einmal möchte ich mich bedanken, daß Sie über das deutsch-französische Verhältnis so gründlich berichtet haben. Ich habe da eigentlich am allerersten das Gefühl, daß die beiden Länder zu einer Schicksalsgemeinschaft zusammenwachsen können. Um die Kulturfragen anzuschneiden, die Sie erwähnten, darf ich aus meiner Erfahrung berichten – wir haben ja mit sehr vielen Instituten, die sich mit der Weiterbildung in der Wirtschaft für Führungskräfte befassen, Kontakte – auch mit französischen Instituten, und auch da tun wir uns sehr schwer, beispielsweise Seminare von – sagen wir – rund einer Woche zustandezubringen. Die Schwierigkeit ist größer, Franzosen hier herüber zu bekommen und es geht etwas leichter, wenn man Deutsche hinüberschickt. Aber wenn Sie in ihrer – im weiteren Sinne gesehenen – Kulturarbeit sich auch diesem Thema etwas widmen würden, wären wir von den Baden-Badener Unternehmergesprächen gern bereit, mit Ihnen da zu arbeiten.

Herr Schoeller:

Vielen Dank, eins ist vielleicht noch wichtig zu erwähnen, daß das französische Studiensystem es nicht erlaubt – wie es bei uns ist – ein Semester dort, ein Semester da zu studieren. Das französische Studiensystem ist schulisch ausgerichtet, mit anderen Worten, man wird jedes Jahr zum Examen einbestellt, muß dieses Examen bestehen, um ins zweite Studienjahr oder ins dritte oder vierte versetzt zu werden. Das heißt, wir können nicht hingehen und französische Studenten einmal zwei Semester an einer deutschen Universität studieren lassen. Wir können es ihnen erst als postgraduates ermöglichen. Bei den Deutschen ist das etwas anders. Wir sind da etwas flexibler, und es ist ein ganz schweres Hemmnis, weil die jungen Leute auch schnell fertigwerden wollen. Sie wollen kein Jahr verlieren.

Dr. Spethmann:

Vielen Dank, bevor ich das Wort weitergebe, hätte ich eine zusätzliche Anmerkung aus meiner Tagesarbeit. Zweifellos hat sich Englisch auf dem Weg zur Weltsprache in allen europäischen Ländern diesseits und jenseits der Ostgrenze durchgesetzt. Pennäler, Studenten und Jungakademiker kommen auch im Verhältnis Deutschland–Frankreich auf dem Weg des Englischen sehr gut miteinander zurecht. Aber es gibt Situationen, in denen man den Gesprächspartner einfach in seiner Muttersprache ansprechen muß. Deshalb müssen wir alle, die wir im aktiven Geschehen stehen, mit vorangehen und unseren Kindern und unseren „Youngsters“

in der Firma vorführen, daß auch wir uns nochmals eine lebende Sprache aneignen können.
Ich war jetzt bis zum 30. Juni 1984 zehn Jahre lang verantwortlich für den deutschen Stahlverband. Das waren zehn Jahre europäische Stahlkrise. Viele kritische Situationen in Krisenverhandlungen sind in Sitzungspausen dadurch wieder aufgelockert worden, daß der eine zum andern ging und ihn in seiner Muttersprache ansprach. Was glauben Sie, wie überrascht ich am Anfang dieser Zeit war, wie viele Leute sehr gut Deutsch sprachen!

Herr Dr. Lipphardt:
Wir sprechen über Europa und seine Probleme. Wir haben auch die große EG angesprochen und haben gefragt: Was hat das unter Umständen für Deutschland für Konsequenzen? Da könnte man natürlich auch die Frage stellen: Was hat die große EG für Europa für Konsequenzen? Laufen wir nicht unter Umständen Gefahr, durch die unterschiedliche Motivation der zum Teil sehr halbherzigen Europäer in eine Art Pattsituation, diesmal politischer und wirtschaftlicher Natur hineinzulaufen? Ich denke z.B. daran, wie stark die divergierenden Interessen in Dänemark sind, oder was sich Griechenland im Moment auf dem Arzneimittelsektor leistet und sich überhaupt nicht darum kümmert, wie die Meinung der EG zu dem ist, was sie tun. Wenn wir jetzt auch noch Portugal und Spanien mit den noch unterschiedlicheren Interessen dazurechnen, wenn wir darüber hinaus auch noch davon ausgehen, daß wir dann letzten Endes keine Mehrheitsentscheidungen haben werden, sehen Sie nicht die Gefahr, daß Europa dann zu groß wird?

Herr Schoeller:
Die Frage, das Problem ist da, das ist ganz sicher. Denn jedes Mitglied, was wir mehr aufnehmen, ist eine Stimme mehr, die bei Beratungen eine Rolle spielt, und die natürlich eigene Interessen mit einbringt.
Auf der anderen Seite ist das übergeordnete europäische politische Interesse, was wir auch haben, was die Franzosen haben, das letzten Endes auch diejenigen haben, die zusätzlich mit ihrer Stimme jetzt neu beitreten, doch so groß, daß wir uns in grundsätzlichen Fragen bisher immer wieder einigen konnten. Als Beispiel möchte ich die Frage des britischen Beitrags nennen, wo wirklich große Anstrengungen gemacht wurden, insbesondere von französischer Seite. Also es ist die Erkenntnis, daß man doch einen Vorteil mittelfristig, kurzfristig oder langfristig aus dieser Europäischen Gemeinschaft für sein eigenes Land ziehen kann und

zieht, diese Erkenntnis ist weitgehend Allgemeingut geworden. Das schließt nicht aus, daß Auseinandersetzungen um die kleinen Vorteile, daß diese Diskussion andauern wird.
Aber die positive Basis wird anerkannt, wird von allen Politikern gesehen und damit wird, glaube ich, auch etwas gesehen, was vor einigen Jahren noch nicht so sichtbar war. Hier ist vorhin das Wort gefallen von der europäischen Schicksalsgemeinschaft.
Wir leben in einer Welt, die mit ihren Kräften anfängt zu wuchern um uns herum, und das Gefühl ist durchaus da, diese Welt sollte uns nicht überwuchern. Bei vielen Politikern kommt das nicht so stark zum Ausdruck, aber sie empfinden es durchaus, wenn man mit ihnen spricht. In der politischen Klasse wird es sogar als selbstverständlich vorausgesetzt. Ich glaube, auch daraus läßt sich eine gewisse Hoffnung herleiten.
Eine dritte Hoffnung, einen dritten Punkt, möchte ich auch in diesem Zusammenhang erwähnen: Wenn man in der sogenannten Dritten Welt ist und mit Politikern, Journalisten, Wirtschaftlern und anderen Verantwortlichen spricht, sagen sie es oft ganz offen: „Wir möchten so sein wie Ihr seid. Wir wollen Eure sozialen Verhältnisse, wir wollen Eure politischen Verhältnisse haben." Das ist mir in Asien passiert, genauso wie in Lateinamerika.

Herr Everling:
Eine Bemerkung zum Abstimmungsverfahren. Nach dem Beitritt der drei neuen Staaten 1973 hat man festgestellt, daß es schwieriger ist, bei neun Staaten „nein" zu sagen als bei sechs. Unter sechs Staaten kann sich ein Staat wie Frankreich oder Deutschland stark genug fühlen, einer Entscheidung zu widersprechen. Aber wenn es sich um neun oder zehn oder gar zwölf Staaten handelt, sagt man als einziger selten „nein"; man hält das nicht durch, der Druck wird zu stark. In manchen Bereichen wirft man zur Zeit deutschen Ministern vor, daß sie bestimmten Regelungen zugestimmt und nicht hart genug verhandelt haben. Dabei handelte es sich um Situationen, in denen sie völlig isoliert waren. Man muß dann abwägen, ob man, wenn alle anderen Ratsmitglieder anderer Meinung sind, weiter widersprechen soll und kann. Dieser Effekt kann noch verstärkt werden, wenn die Gemeinschaft noch mehr Mitglieder bekommt. Es ist allerdings zuzugeben, daß die Dinge oft nicht so einfach liegen. Oft bestehen bei zwölf Staaten mindestens drei oder vier Interessen. Dann muß man so lange verhandeln, bis ein oder zwei Staaten isoliert sind. Aber das reine, isolierte Veto wird jedenfalls schwieriger, wenn mehr Staaten vorhanden sind.

Dr. Spethmann:
Vielen Dank, Herr Schoeller, vielleicht darf man noch einen Gedanken anfügen, mit Blickrichtung auf Griechenland. Ist es nicht gemeinsame Überzeugung aller EG-Partner, daß man Herrn Papandreous offenkundigen Versuch nicht länger akzeptieren will, immer da, wo es etwas abzuholen gilt, die Hand aufzuhalten und sich überall dort zu absentieren, wo es etwas beizutragen gilt?

Herr Schoeller:
Man hat über die Position Griechenlands im EG-Bereich schon recht viel nachgedacht und bei den Überlegungen ist auch eine gewisse Frustation zum Ausdruck gekommen. Auf der anderen Seite geht man davon aus, daß – je länger die Griechen der Gemeinschaft angehören – sie allmählich damit auch auf den Weg geführt werden, daß wir ihnen ja nichts Böses wollen, daß sie letzten Endes genügend Vorteile haben. Die Griechen und Europäer wollen weiter zusammenarbeiten.

Dr. Spethmann:
Das wollte ich auch nicht andeuten. Herr Everling sprach von dem Druck, der um so größer wird, je größer auch die Zahl ist; ich meine diesen Druck auf Griechenland natürlich.

Herr Maibücher:
Ich möchte zunächst einmal das Wort nicht stehenlassen von den Kulturschluchten. Das halte ich für völlig falsch. Wir haben in Europa glücklicherweise eine gemeinsame Kultur. Und wenn man wie ich das Glück hatte, jetzt eine Woche durch Frankreich zu fahren und vorher zwei Wochen in England zu sein, dann kann man nur sagen, daß man beeindruckt ist von dem, was gemeinsam dort ist. Was uns unterscheidet, das sind die Ausdrucksformen dieser Kultur, und die sind vielleicht ähnlich zu sehen wie die Audrucksformen, in denen sich ein bayrischer „Bazi" auszudrücken pflegt und jemand in Hamburg. Aber Kulturschluchten in dem Sinne kann man wirklich nicht feststellen. Und von den Schwierigkeiten, die sicherlich bestehen im organisierten Harmonisieren, davon will ich nicht reden, das ist sicherlich richtig. Aber wenn Sie einmal in London sehen, oder in York oder in Paris oder in Rouen oder wo auch immer, mit welcher Selbstverständlichkeit sich Deutsche, nicht nur Deutsche, auch Franzosen und Engländer hin und her bewegen, und zwar die normalen, einfachen Menschen, dann finde ich, ist das viel besser, als

vieles von dem, was man organisierte Harmonisierung nennt. Es wird viel mehr auf diesem Wege getan und es geschieht viel mehr, so meine ich, auf diesem Gebiet, wie man normalerweise hier glaubt.
Ich möchte dann noch etwas zu dem Thema Griechenland und Spanien/Portugal sagen.
Eigentlich ist es schon von Herrn Spethmann vorweggenommen worden. Es ist völlig richtig, so meine ich, daß man das Ganze nicht nur wirtschaftlich sehen darf. Als ich jedenfalls anfing in meiner beruflichen Laufbahn, da haben wir uns noch gar nicht vorstellen können, daß man mal von Null-Zolltarifen sprechen könnte zwischen Deutschland und Frankreich und England. Das war für uns völlig unvorstellbar. Heute ist diese Tatsache für uns und für die meisten von Ihnen, die jünger sind, vollkommen normal. Sie wissen also gar nicht, was es für uns bedeutet hat, alleine diesen Fortschritt zu haben. Darüber hinaus müssen wir, glaube ich, unbedingt berücksichtigen, das ist Ihnen jetzt ja gesagt worden: wenn es den Griechen in der EG gut geht, dann denken sie gar nicht daran, politisch etwas zu tun, aus dieser guten EG, in der es ihnen ja gut geht – Sie kennen das alte Sprichwort – auszuscheiden. Dasselbe gilt für Spanien und Portugal. Wir gehen so völlig selbstverständlich davon aus, als wenn Spanien Nato-Land bliebe. Das ist es ja gar nicht, und den Spaniern und Portugiesen muß es gut gehen, damit sie bei uns bleiben.
Ich möchte eine kritische Bemerkung machen.
Erstmal eine nicht-kritische: Ich möchte danken, daß Herr Spethmann uns noch nicht mit dem Problem konfrontiert hat, was ja wirklich ein Problem ist. Und Probleme sind ja normalerweise unlösbare Probleme. Also wirklich, Ihre vornehme Zurückhaltung in diesem speziellen Gebiet verdient eine Anerkennung. Aber ich möchte noch etwas anderes hier unsere juristischen Kollegen fragen. Ist es nicht völlig unsinnig, wenn wir noch in den Kategorien eines Bundeskartellamtes denken, was gegründet worden ist irgendwann in den fünfziger Jahren, anfangs der fünfziger Jahre, nur in bundesdeutschen Grenzen und Zusammenhängen denken, auf der anderen Seite aber ständig das Wort der Europäischen Gemeinschaft – speziell jetzt auch wirtschaftlich – im Munde führen? Das ist doch einfach ein Anachronismus. Entweder wir haben eine Europäische Gemeinschaft, dann muß man doch die Grenzen der wirtschaftlichen Beziehungen, also auch das, was unter dem Kartellamtwesen zu verstehen ist, gemeinsam mit den europäischen Grenzen sehen, oder aber wir haben es nicht. Und die Vergleiche zwischen Amerika und der EG, die sind nur dann richtig, wenn man eben auch feststellt, daß die Amerikaner ein Kartellamt haben, natürlich aber für alle amerikanischen Bundesstaaten. Also meine ich, gehört nach Europa ein Bundeskartellamt, aber nur

für alle europäischen Staaten, also EG-Staaten, und nicht eines, wie wir es nun mal haben, nur für die Bundesrepublik in Berlin.

Dr. Spethmann:
Vielen Dank Herr Maibücher. Wenn ich zum letzten etwas sagen darf: Wir haben uns rückwärts entwickelt. Wir haben im Jahre 1951 eine großartige Rechtsvorstellung mit den Artikeln 65 und 66 des Schumanplans in Europa verwirklicht. Das war ein solches Fascinosum, daß die Europäer gar nicht dazu in der Lage waren, es richtig auszufüllen. Zwei Jahre später mußte ein amerikanischer Anwalt kommen und dies mit einigen Ausführungsverordnungen versehen, und am 1. Juli 1954 konnten dann die beiden Artikel, die das Wettbewerbsrecht für Kohle und Stahl in diesen sechs Ländern regelten, letztendlich in Kraft treten. Wir haben das Wettbewerbsrecht der Römischen Verträge weniger intensiv gemacht.
Diese beiden Artikel sehen die alleinige Zuständigkeit der ‚haute autorité' – also heute der Brüsseler Kommission – für alle Fusionsfragen vor, bei denen ein Unternehmen von Kohle und Stahl involviert ist. Das war das Konzept des Jahres 1951. Fünf Jahre später sind wir bei den Römischen Verträgen nicht mehr so weit gegangen. Wir haben den Verträgen auch keine Supranationalität beigelegt, was dem Schumanplan 1951 mit auf den Weg gegeben worden war.
Anfang der siebziger Jahre ist man dann in Deutschland weiter rückwärts gegangen mit der Kartellgesetz-Novelle, die Sie, Herr Maibücher, mit Recht apostrophieren. Was steht dahinter? Dahinter steht, daß man in relevanten Märkten denkt, das man sich sagt – und das war das ordnungspolitische Denken in Bonn Anfang der siebziger Jahre – es kommt auf den Schutz des Verbrauchers an. Die Inflationsraten in DM müssen niedrig gehalten werden; im Währungsgebiet DM müssen die Märkte offenbleiben; es darf nicht allzu viel Konzentration geben.
Je nachdem, wie man den Begriff des relevanten Marktes ansetzt, ist ein solches Ordnungsdenken vertretbar. Für Werften wäre es zwecklos. Der relevante Markt für Schiffsneubauten ist die Welt, denn die Überführungskosten eines neugebauten Handelsschiffes sind Null, weil das Schiff unmittelbar am Ort, wo es abgeliefert wird, Ladung aufnimmt. Also, es kommt auf das Wirtschaftsgut an, das zu regeln ist.
Aber die generelle Haltung in Bonn Anfang der siebziger Jahre war so, wie ich das hier zu umschreiben versuchte. Ich bin damals dagegen Sturm gelaufen und auch heute der Überzeugung, daß es uns mancherlei Mißhelligkeit gebracht hat. Aber lassen Sie mich nochmals auf den Zusammenhang von Kulturverhalten und Geld zurückkommen.

An einer Stelle des gegenwärtigen Arbeitskatalogs heißt es zum ECU beispielsweise: Der EG-Währungsausschuß prüft im Auftrag der EG-Finanzminister bis September 1984 folgende Vorschläge der Kommission:

1. Förderung der Verwendung des ECU;
2. Amtliche Notierung des ECU an den Devisenmärkten der EG.
3. Im Rahmen des kurzfristigen Währungsbeistandes von den Notenbanken ausgeliehene Beträge sollen verstärkt in ECU zurückgezahlt werden.
4. Verstärkte Verwendung des privaten ECU.

Was es bedeutet, in nationaler Währung hinzugeben und in ECU zurückzuerhalten, ist ohne weiteres klar: die Aufweichung der harten Währungen. Man muß sehen, welches Rechtsgut von der Politik geschützt wird. Zweifellos ist innerhalb der EG – nach heutigem Stand – die Politik zur Stabilisierung der D-Mark die deutlich erfolgreichste. Die Inflationsrate der D-Mark ist unter zwei Prozent, selbst der Schweizer Franken liegt im Moment darüber. Dies berührt sich natürlich wieder mit der Frage des horizontalen Finanzausgleichs.

Herr Schoeller hat darauf hingewiesen: Die USA haben einheitliches Staatsempfinden, einheitliche Sprache, einheitliche Währung. Vielleicht waren wir zur Zeit Karls des Großen in Europa in dem einen oder anderen Aspekt weiter, als wir heute sind. Bei Karl V. auch; das will ich gar nicht leugnen.

Nur fürchte ich, muß man immer in der jeweiligen Zeit den Vergleich anstellen: Was sind die Zielvorstellungen der Menschen? Welche Veränderungen – natürlich möglichst zum Besseren hin – ihres eigenen Lebens möchten die Menschen politisch erreicht sehen, und welches sind auf der anderen Seite die Möglichkeiten dazu? So waren vielleicht im Reich von Charlemagne die auf Veränderung gerichteten Vorstellungen der Menschen weniger weitgehend, als sie es heute sind. Charlemagne hat das Christentum gebracht, und ich glaube, seine Untertanen waren voll damit beschäftigt, das Christentum zu verstehen und im Alltag umzusetzen.

Aber zu Ihrer ersten Bemerkung, Herr Maibücher, von den Kulturschluchten. Ich sehe da gar keinen Widerspruch – aus dem einfachen Grund, weil ich es für eine semantische Frage halte. Es ist eine Tatsache, daß wir bis heute nationale Arbeitsordnungen und nationale Tarifverträge haben. Hier sehe ich große Aufgaben in der schrittweisen Annäherung. Wenn aber der gegenwärtige Arbeitskatalog der Kommission und des Ministerrates betrachtet wird, was dort unter dem Stichwort der Konsolidierung des EG-Binnenmarktes alles verbessert werden soll, dann ist dies nicht so weitgehend. Selbst in der Sozialpolitik heißt es, der

EG-Sozialministerrat konnte sich unter französischem Vorsitz nicht auf eine Empfehlung zur Neugestaltung der Arbeitszeit einigen.

Herr Everling:

Die meisten dieser Vorschläge liegen schon seit 20 Jahren auf dem Tisch des Ministerrats, so etwa über die Produkthaftung oder über die Besteuerung von Unternehmensteilen. Die Vereinheitlichung ist außerordentlich schwierig, und zwar nicht, weil in den Ausschüssen Beamte sitzen, die unwillig sind, sondern weil z.B. die Steuersysteme so unterschiedlich sind, daß sie nur schwer punktuell vereinheitlicht werden können.

Wenn ich zu Ihrer Frage noch etwas sagen darf: Sie haben mehr auf die Behandlung der Eisen- und Stahlindustrie nach dem EGKS-Vertrag abgestellt. Im EWG-Vertrag bestehen lediglich Vorschriften gegen Vereinbarungen, also Kartelle, und gegen den Mißbrauch wirtschaftlicher Macht, aber keine Vorschriften zur Fusionskontrolle. Die Bundesrepublik hat nun Anfang der siebziger Jahre national eine Fusionskontrolle eingeführt, und zwar ganz im Gegensatz zu den ordnungspolitischen Vorstellungen der Franzosen, die davon reden, sie wollten Unternehmenseinheiten schaffen, die den amerikanischen Multis gewachsen sind und eine „wahre" Industriepolitik betreiben können. Diese Meinungen sind unvereinbar. Dann hat man versucht, in Brüssel eine Richtlinie zu machen, und der EG-Kommission die Zuständigkeit zur Entscheidung zu geben. Darüber gingen dann die Auffassungen weit auseinander. Während die deutsche Seite fürchtete, daß das deutsche Recht verwässert würde, war der Vorschlag den Franzosen noch zu streng. Um sich in solchen Fragen zu einigen, braucht man wahrscheinlich eine Generation, wie Herr Bunge vorhin gesagt hat.

Herr Koepchen:

Herr Botschafter, ich habe die Frage: Seitens der Bundesregierung und auch des Außenministeriums ist in den letzten Wochen bei dem Besuch des türkischen Ministerpräsidenten die Frage aufgeworfen worden, ob im Hinblick auf die 11 Prozent Arbeitslosen in Europa die Freizügigkeitsklausel 1986 voll durchgezogen werden soll oder nicht. Wie stehen die übrigen europäischen Länder zu diesem Problem? Ist das nur ein auf Deutschland beschränktes Problem oder ist das ein europäisches Problem des Zuzugs der Türken bei Gewährung der Freizügigkeit?

Herr Schoeller:

Es ist ein europäisches, ein allgemeines europäisches Problem. Ich habe in meinen Worten erwähnt, daß 58 Millionen Franzosen im Jahre 2025

280 Millionen am Südrand des Mittelmeers gegenüberstehen, die mit begehrlichen Augen auf dieses Europa schauen werden. Was wir gemacht haben in den Verhandlungen unseres Außenministers mit dem türkischen Außenminister, ist ein Versuch gewesen, zunächst einmal etwas Luft zu bekommen. Das Problem ist dadurch nicht vom Tisch und wird wieder auf uns zukommen.
In Frankreich geht man jetzt hin und bietet rückkehrwilligen Schwarzen und Maghrebiniern gewisse Hilfen an, so ähnlich, wie wir das auch machen, wenn sie wieder nach Hause gehen, Hilfen, die sehr weit gehen, in D-Mark umgesetzt.

Dr. Bunge:
Wir haben ja viel mit Gastarbeitern zu tun, aber die andern waren integrationsfähig, nicht jedoch die Türken.

Herr Everling:
Dabei handelt es sich um ein schwieriges Problem. Neunzig Prozent der Türken, die in der Gemeinschaft sind, leben bei uns. Deshalb ist der Türkei-Vertrag für unsere Partner kein Problem. Über die Frage wird schon seit zehn Jahren in Brüssel verhandelt. Verhandeln kann nur Brüssel, aber allein für uns besteht ein Problem. Interessenlage und Engagement sind deshalb nicht eindeutig, wenn die Gemeinschaft mit den Türken verhandeln wird.

Dr. Spethmann:
Meine Damen und Herren, wer wünscht das Wort? Wir nähern uns der Stunde des Gongschlages.

Dr. Bunge:
Herr Dr. Spethmann, ich nehme an, Sie sprechen ein Schlußwort zu uns, und können Sie vielleicht einen Weg aufzeigen, wie Sie sich die Zukunft der Montanunion vorstellen? Das ist zwar eine schwierige Frage – wer könnte es besser bringen als Sie?

Dr. Spethmann:
Sie haben, Herr Bunge, nach Kohle und Stahl gefragt. Es gibt natürlich nirgendwo in Europa bei dem gegenwärtigen Weltmarktpreisniveau für Energie eine wettbewerbsfähige Steinkohlengrube. Der Weltmarktpreis für Kohle ist, seit im Jahre 1973 die erste Ölpreisexplosion kam, mit dem Preis für Öl nicht mitgegangen. Während sich der Ölpreis vervierfachte, hat sich der Preis für die Kohle allenfalls verdoppelt. Sie können heute

mit einem Fünfjahresvertrag Kraftwerkskohle für das städtische Elektrizitätswerk Düsseldorf kaufen und zahlen maximal 130 Mark je Tonne frei Bunker am Rhein.

Die Selbstkosten der deutschen Gruben liegen zwischen 250 DM im größten und 280 DM im zweitgrößten Fördergebiet. Der Mehrpreis gegenüber dem Wettbewerbspreis muß irgendwie finanziert werden. Dafür haben wir uns zwei Systeme einfallen lassen: Für Kraftwerkskohle haben wir das System des so schamhaft genannten Kohlepfennigs. Der Kohlepfennig führt dazu, meine Damen und Herren, daß die Kilowattstunde, die bei uns an der Steckdose ankommt, sich in Deutschland viel schneller verteuert als in irgendeinem anderen EG-Land. Warum? Weil der Einsatz teurer nationaler Steinkohle in Deutschland relativ größer ist als in den anderen EG-Ländern. So kann es passieren, daß hier in Kehl oder in Karlsruhe ein Gewerbebetrieb im Vergleich zu einem Unternehmen gleicher Art in Straßburg 40 Prozent für die Kilowattstunde mehr bezahlen muß, obwohl sie sich dann auf dem örtlichen Markt mit ihren Endprodukten wieder treffen, so, wie wir das vorher behandelt haben.

Das zweite Kostenausgleichssystem, das ich apostrophierte, ist der Ausgleich der Förderkosten für Kokskohle. Dieser Ausgleich kommt aus nationalen Kassen, allerdings mit dem Brüsseler Segen. In Wirklichkeit gibt es keine EG-Politik für Kohle; es gibt nur nationale Politiken für Kohle, die von örtlichen Besonderheiten abhängig sind: Beschaffenheit der Lagerstätte, Kosten der Lagerstätte, soziale Rücksichtnahmen usw. Wir hatten in Deutschland einmal 144 Millionen Tonnen Förderkapazität, Ende der fünfziger Jahre. Heute bestehen noch 80 Millionen Tonnen an Ruhr, Saar und in den vier kleineren Revieren. Fast die Hälfte der Kapazität ist schon abgebaut und dieser Prozeß geht weiter. Brüssel begleitet dies mit generellen Regulierungen, aber die Aufgabe, dieses Problem zu bewältigen, ist eine nationale Aufgabe für jedes der Länder.

Stahl: Die Welt braucht in diesem Jahr vielleicht 700 Millionen Tonnen Stahl. Dies sind 50 bis 60 Millionen Tonnen weniger als im Jahre 1979. Aber es sind 50 bis 60 Millionen Tonnen mehr als im Jahre 1982. Diese sehr wilden Zyklen sind für einen solchen zentralen Werkstoff etwas merkwürdig.

Wie sehen Gegenwart und Zukunft der Stahlindustrie in der EG aus? Ich habe eine sehr lapidare Antwort. Die EG sollte sich hier wirklich einmal so verhalten, wie die Deutschen das in den letzten zehn Jahren vorgeführt haben. Die Bundesrepublik hat nämlich ihre Kapazitäten heruntergenommen auf die Menge, die der deutsche Markt noch braucht. Der deutsche Markt benötigt 36 Millionen Tonnen Stahl, Rohstahl, vielleicht auch einmal 40; nicht mehr produzieren die deutschen Hütten. So, wie die

Dinge liegen, wird etwa die Hälfte des deutschen Stahlverbrauchs von andern hereingeliefert. 30 bis 35 Prozent EG, 10 bis 15 Prozent Drittländer. Warum? Alle sind an harter Währung interessiert. Warum sind sie an harter Währung interessiert? Sie wollen entweder in Deutschland einkaufen, oder sie wollen sich für D-Mark Dollar kaufen, und mit den Dollars wollen sie ihre Schulden verzinsen und zurückzahlen. Alles ganz plausible Überlegungen natürlich.

Nur: Diese Importe beruhen in ganz wenigen Fällen auf echter Wettbewerbsfähigkeit, sie beruhen in 90 Prozent oder mehr der Fälle auf dem Medium der Subvention. Die Importe sind um bis zu 300 Mark die Tonne durch Einsatz staatlicher Mittel heruntersubventioniert und führen dann in Deutschland zu einem niedrigeren Preisniveau. Der niedrige Preis gilt natürlich auch für die restlichen 50 Prozent, die aus den deutschen Hütten kommen. Deshalb gibt es in Deutschland den niedrigsten Stahlpreis unter allen großen Industrieländern. Selbst der Preis in Japan ist 100 bis 150 Mark höher, und der Preis in USA liegt je nach dem Regionalmarkt um 200 bis 300 Mark höher. Das heißt, die deutschen Hütten kommen nicht auf den richtigen Preis.

Bisher hat die EG in ihrer Stahlpolitik verleugnet, daß es am Anfang dieser Entwicklung vor etwa zehn Jahren ungeheuer übersetzte Kapazitäten gab. Ich nenne zum Beispiel einmal Belgien. Belgien hatte vor zehn Jahren eine Bevölkerung von 9 Millionen und eine Stahlkapazität von 18 Millionen Tonnen jährlich. Das bedeutet also pro Kopf der Bevölkerung eine Stahlkapazität von 2 Tonnen. Deutschland besaß zur gleichen Zeit eine Bevölkerung von 60 und eine Stahlkapazität von 60 Millionen Jahrestonnen. Pro Kopf der Bevölkerung hatte Deutschland umgerechnet nur die Hälfte der Kapazität von Belgien. In zehn Jahren EG-Stahlpolitik ist von solch unterschiedlichen Ausgangslagen noch nie mit einem Wort die Rede gewesen, sondern es ist linear gekürzt worden, vor allem in den letzten vier Jahren.

Zur Zeit kämpfen wir gegen die Subventionitis. Wenn es gelingt, die Subventionitis in der EG wie vereinbart Ende 1985 auslaufen zu lassen, sind wir in der Bundesrepublik ab Januar 1986 hoch profitabel mit allem, was dazugehört. Daran kann kein Zweifel bestehen. Der Zweifel liegt aber im Vorfeld. Werden die europäischen Länder insgesamt, auch Bonn, wegen der Saar, die Kraft haben, den Subventionismus mit dem Jahr 1985 tatsächlich zu beenden?

Ich glaube aber nicht, daß über das umstrittene und erbittert behandelte, die Regierungen und Minister und Menschen verschleißende Stahlproblem die EG ins Stolpern kommt. Dies wird nicht geschehen.

Herr Schoeller, möchten Sie das Schlußwort sprechen?

Herr Schoeller:

Herr Vorsitzender, das tue ich sehr gerne, und ich denke daran, ich kann noch eine Bemerkung machen zu dem, was Sie gerade ausgeführt haben, ich habe in Frankreich, wo wir das Stahlproblem ja noch viel dringender haben als in der Bundesrepublik Deutschland, und auch das Kohleproblem, wo die Regierung jetzt hingegangen ist und sagt: „Wir wollen die Subsidien, die wir gezahlt haben für Kohle und Stahl, allmählich zurückziehen, und wir wollen diese Gelder einsetzen für Innovationen, denn es geht nicht an – und das ist mir so ins Auge gesprungen – daß 800 amerikanische Grubenarbeiter in der Grube ‚Hanna' genau die gleiche Kohleproduktion erbringen wie 16 Tausend französische Grubenarbeiter". Das nur, um die Probleme, wie sie der Herr Vorsitzende dargestellt hat, etwas plastischer zu machen. Nun, zu meinem Schlußwort möchte ich sagen, daß Egon Friedell in seiner Kulturgeschichte der Neuzeit einmal geschrieben hat, jede Erziehung müßte darauf aus sein, den Verstand klarer, das Wissen reicher und das Herz besser zu machen. Und Ihre Einladung, Herr Vorsitzender, hat bei mir dazu beigetragen – ich wußte nämlich, als ich diesen Vortrag schrieb, mußte ich meine Gedanken ordnen – und als ich hier die Gelegenheit hatte, mit Ihnen zu diskutieren, habe ich auch eine ganze Menge gelernt, auch das Wissen ist reicher geworden, und wenn ich jetzt von Ihnen gehe, dann gehe ich auch mit einem besseren Herzen hier fort, verlasse ich Sie, denn ich habe doch eins gefunden bei aller Diskussion: es bestand ein Konsensus darüber, daß es keine Alternative zu einer weiteren Entwicklung Europas gibt und zu einer weiteren Stärkung der europäischen Kraft. Wir haben einen Punkt nicht erwähnt.

Das ist der militärische Punkt, über den ich einige Ausführungen gemacht habe. Ich will dazu nur sagen, daß wir auch hier in Frankreich einen sehr tatkräftigen und zuverlässigen Partner haben.

Dr. Bunge:

Darf ich mich zum Sprecher des Auditoriums machen und Ihnen, Herr Botschafter, danken für Ihren sehr weitreichenden tour d'horizon, der für uns sehr informativ war, und Ihnen, Herr Spethmann, danken für Ihre elegante Bâtonführung. Ich hoffe, Ihr bâton ist und bleibt der Stahl.